소상공인 자영업자를 위한

온라인 마케팅 실무

김영갑 강상현 공저

음식점 사례를 중심으로

이프레스

머리말

소상공인에게 온라인 마케팅은 선택이 아닌 필수

평소 하나의 지역을 정해 놓고 상권분석을 통해 소상공인의 사업 현황을 정기적으로 분석하고 있다. 최근 몇 년 동안 소상공인 점포 실적의 추세분석 결과에 따르면, 국내 소상공인 자영업자의 매출이 갈수록 양극화되고 있다.

왜 국민소득 수준이 높아지고 시장 수요는 늘어나는데 소상공인들의 매출액은 양극화가 심화되고 있을까?

매출액 양극화에 영향을 미치는 요인은 여러 가지가 있다. 제품과 서비스의 질, 가격, 마케팅 역량, 경영자의 관리력, 상권과 입지의 특성 등 무수히 많은 요인들이 매출 양극화에 영향을 미친다. 그런데 여기서 가장 큰 영향을 미치는 요인으로 온라인 마케팅 역량이 떠오르고 있다.

한마디로 오프라인 상권에 비해서 온라인 상권의 규모와 영향력이 커지고 있는 것이다.

산업이 발전하고 경쟁이 치열해질수록 기업을 비롯한 소상공인들의 제품이나 서비스 품질 등의 차이는 점점 줄어들고 있다. 반면 온라인 환경에 대한 적응력, 분석력, 활용력은 점점 더 차이가 벌어지고 있다.

일부 소상공인은 스마트폰을 이용해서 블로그, 유튜브, 카페, 페이스북, 인스타그램, 핀터레스트, 트위터, 카카오톡 플러스친구 등 다양한 SNS를 개인의 삶과 비즈니스에서 유용하게 활용한다. 반면에 또 다른 부류의 소상공인은 스마트폰을 아직도 전화기로만 사용한다.

모든 소상공인들이 열심히 사업을 하고 있지만, SNS 활용 역량에 따라서 매출액 차이는 점점 더 벌어질 가능성이 크다. 과거처럼 훌륭한 제품과 서비스와 멋진 분위기만으로 경쟁에서 이기기 힘든 시대가 되었다는 의미이다.

이제 소상공인의 성공과 실패는 오프라인 공간이 아닌 온라인이라는 공간에서 소비자와 어떻게 소통하고 경쟁사보다 얼마나 뛰어난 가치를 보여주느냐에 따라 결정되는 시대가 되었다. 4차 산업혁명이 가속화되면서 온라인 마케팅은 사업의 보조적인 수단이 아니라 사활을 결정하는 핵심적인 수단으로 자리를 잡아가고 있다.

모든 소상공인은 SNS 매체를 불편하다, 어렵다 또는 젊은 층이 가지고 노는 장난감 정도로 치부해서는 안 된다. 철저히 이해하고 깊숙이 파고들어 습관처럼 이용하지 않으면 개인의 삶은 물론이고 사업에서도 뒤처지는 시대임을 인정해야 한다.

처음부터 모든 매체를 섭렵하려고 욕심을 부릴 필요는 없다. 한 가지씩 차근차근 사용법을 익히고 지인들과 소통하며 습관을 들이면 된다. 입으로 이야기하던 것을 글을 이용해서 이야기하는 방식으로 바꾸면 된다. 순서는 이 책의 목차를 따르면 된다. 1장 온라인 마케팅의 이해부터 8장 온라인 마케팅 평가까지 순차적으로 학습하고 실천하면 된다.

온라인 마케팅 학습은 이론과 실제가 따로 없다. 이 책의 내용을 읽고 순서대로 따라하면 바로 이론과 실제를 동시에 익히게 된다. 가능한 책의 목차에 따라 실천하고 성과를 평가해 나가길 권한다. 책의 내용만으로 완벽하게 이해가 되지 않을 때는 저자들의 블로그를 찾아 검색하거나 질문하길 바란다.

이 책이 나오기까지 많은 분들의 도움이 있었다. 책의 기획, 쓰기, 교정 등 모든 부문에서 도움을 준 KYG외식경영연구원 곽혜경 원장, 김혁 연구원, 박상훈 연구원, 권일준 연구원, 유원아이원 허성용 대표, 그리고 이 책이 출간되도록 기회를 주신 이프레스 관계자 여러분께 감사드린다.

2019년 8월

저자

차례

Chapter 01
소상공인 온라인 마케팅의 개요

Chapter 02

소상공인을 위한 블로그 마케팅 입문

Chapter 03

소상공인을 위한 블로그 마케팅 실전

Chapter 04

소상공인을 위한 네이버 마케팅

Chapter 05

소상공인을 위한 인스타그램 마케팅

Chapter 06

소상공인을 위한 페이스북 마케팅

Chapter 07

소상공인을 위한 카카오톡 플러스친구 마케팅

Chapter 08

소상공인을 위한 온라인 마케팅 평가

Chapter 01

소상공인 온라인 마케팅의 개요

CONTENTS ▶▶▶

CHAPTER 01

소상공인 온라인 마케팅의 개요

▸▸▸ **학습목표**

- 온라인 마케팅의 개념과 트렌드를 설명할 수 있다.
- 온라인 마케팅에서 고려해야 하는 요소를 설명할 수 있다.
- 변화하는 온라인 마케팅 전략을 설명할 수 있다.
- 온라인 상권분석을 설명할 수 있다.

1. 온라인 마케팅의 개념과 트렌드 변화

스마트폰으로 맛집을 검색하는 것이 보편화되면서, 음식점을 경영하는 소상공인이라면 누구나 블로그를 비롯한 다양한 SNS(Social Network Service)를 이용하여 마케팅 활동을 해야 하는 상황이 되었다. 하지만 온라인 마케팅을 어떻게 시작해야 하는지 잘 모르고, 체계적으로 가르쳐 주는 교육기관도 없어 즉시 시작하지 못하고 망설이는 경우가 많다. 결국 대부분의 소상공인은 온라인 마케팅을 포기한다. 그나마 형편이 괜찮은 소상공인들은 일정 금액의 비용을 지불하고 온라인 마케팅 대행사에 마케팅을 의뢰하는 상황이다.

온라인에 노출되지 않는 점포는 온라인에서 맛집을 검색하는 소비자들에게 선택될 확률이 매우 낮다. 이런 현실은 음식점들 간의 브랜드 인지도를 더욱 차이나게 만든다. 브랜드 인지도 차이는 고객의 선택에 영향을 주고, 매출에도 영향을 미친다. 따라서 작은 음식점이라도 대형 음식점이나 기업이 경영하는 음식점과 경쟁하기 위해서 온라인 마케팅에 대한 지식과 능력을 갖추어야 한다.

직접 온라인 마케팅을 하지 않고 외부대행사를 이용하여 온라인 마케팅을 하는 경영자도 누군가 자신을 대신해서 온라인 마케팅을 해준다고 안심하면 안 된다. 실행은 대행사에 의뢰해도 계획과 평가는 직접 해야 한다. 따라서 소상공인이라면 누구나 온라인 마케팅의 원리를 알아야 한다. 그래야 스스로 매장의 온라인 마케팅에 대한 올바른 방향성을 설정할 수 있다. 더불어 대행사가 실행하는 블로그 및 SNS 마케팅 활동의 성과를 측정함으로써 비용대비 효과를 높일 수 있다.

그런 차원에서 이 책은 블로그와 SNS에 관심이 없던 소상공인 경영자가 직접 온라인 마케팅을 할 수 있도록 만들거나, 대행사에 맡긴 온라인 마케팅이 효과적이고 효율적으로 이루어질 수 있도록 적절하게 통제하는 능력을 키우는 데 필요한 내용을 심도 있게 다룬다.

1) 온라인 마케팅의 정의

온라인 마케팅이란 대중매체나 오프라인 공간에서 주로 이루어지던 외식업체들의 마케팅 활동이 인터넷이라는 온라인 공간에서 이루어지는 것을 말한다. 세계적인 마케팅 석학 필립 코틀러는 《마켓4.0》에서 21세기에는 "고객의 연결성"에 주목해야 한다고 강조하였다. 그리고 과거 권위와 힘의 상징이었던 연장자, 남성, 시티즌에서 시장의 권력이 젊은 사람, 여성, 네티즌으로 이동하고 있다고 하였다. 커뮤니티, 가족, 친구와 같은 광범위한 네트워크가 그 힘의 원천이며, 이는 마케팅의 초점이 시장이 아닌 고객에게 있다는 것이다.

조금 더 구체적인 의미에서 온라인 마케팅이란 온라인이라는 영역에서 다양한 채널들을 활용하여 자사의 제품과 서비스를 고객에게 알리고 소통하는 마케팅 활동이다. 진정한 소통을 위해서라면 경영자는 자신이 심혈을 기울여 탄생시킨 제품과 서비스를 온라인 마케팅 대행사에 맡기면 된다는 생각에서 벗어나야 한다. 그리고 다양한 온라인 마케팅 채널에 대한 특성을 이해하고 조화롭게 사용할 수 있는 방법을 연구하고 개발해야 한다.

2) 온라인 마케팅의 특징

대부분의 소상공인 경영자는 대행사에 온라인 마케팅을 맡기는 경우가 많다. 온라인 마케팅을 단순히 점포 알리기 활동이나 공식 블로그를 운영하고 SNS 계정을 만들어서 이벤트를 하는 정도라고 생각하기 때문이다. 하지만 그것은 콘텐츠를 전달하는 수단일 뿐 마케팅이 될 수 없다. 또한 마케팅의 초점이 신규고객 유치에만 집중되면 안 된다.

신규고객을 아무리 많이 유치해도 반복구매가 이루어지도록 기존고객을 관리하고 유지하는 데 신경을 쓰지 않으면 광고와 홍보를 하는 동안에는 매출이 상승하지만 시간이 지나면 다시 매출이 하락하는 악순환에 빠진다. 소상공인 경영자는 신규고객이 시험구매를 한 이후 지속적인 소통과 관리를 통해 반복구매를 하는 단골고객이 되도록 만들어야 한다. 즉 한번 이루어진 관계를 영원히 지속해서 고객이 이탈하지 않게 만들어야 진정한 마케팅이라 할 수 있다.

소상공인 경영자는 신규고객을 유치하기 위한 단기간, 단방향성의 홍보와 광고보다는 진정성 있는 정보를 장기적으로 주고받는 쌍방향 소통에 치중해야 한다. 또한 주로 오프라인 중심으로 이루어지던 소통을 온라인에서도 함께 강화해야 한다. 종이신문, TV, 라디오 등의 매체는 단방향의 메시지로 단기간 동안 대중과의 관계를 만들어내는 특징이 있다. 그러나 인터넷과 SNS 활용이 증가하면서 일방적으로 메시지를 받던 대중이 적극적으로 소통에 참여하는 관계로 변화하였다. 이러한 흐름에 맞춰 국내의 모든 소상공인 경영자는 온라인에서 고객과 소통할 기회를 찾고 관계를 만들어 장기적으로 유지하기 위한 노력을 해야 하며, 다양한 온라인 플랫폼을 활용하여 고객들과의 소통 채널을 계속 늘려나가야 한다.

3) 온라인 마케팅의 진화

다양한 SNS 플랫폼이 지속적으로 만들어지고 기존의 매체들도 계속 성장 중이다. 그에 따라 온라인 마케팅 시장도 지각변동이 일어나고 있다. 얼마 전까지 대한민국에서 온라인 마케팅을 하려면 많은 이용자를 보유한 네이버를 거치지 않고는 효과를 기대할 수 없었다. 하지만 최근에는 인스타그램이나 유튜브 이용자가 늘어나면서 영향력이 증가하고 있다. 이런 현상으로 인해 블로거로 집중되었던 마케팅 영향력이 인스타그램과 유튜브에 많은 팔로워와 구독자를 가진 인플루언서로 이동하기 시작했다. 이런 강력한 경쟁자의 존재는 네이버의 영향력을 하락시키고 있다. 이로 인해 네이버에 주로 의존하던 온라인 마케팅에 많은 변화가 일어나고 있다.

정보기술의 급격한 변화는 소상공인들에게 새로운 기회이자 위협이 되고 있다. 검색 노출만이 아닌 고객의 정보를 활용하는 데이터베이스 마케팅과 일대일 마케팅 같은 다양한 온라인 마케팅을 구현할 수 있다면 경쟁력을 키울 수 있는 기회가 될 것이다. 반면 이러한 기회를 적절하게 활용하지 못하는 경영자는 매우 위험한 상황에 부딪힐 가능성이 높다. 국내 커피 시장에서 1~2위를 다투던 ××커피 브랜드와 ○○피자 브랜드의 순위가 뒤쪽으로 밀린 사례가 바로 이에 해당한다.

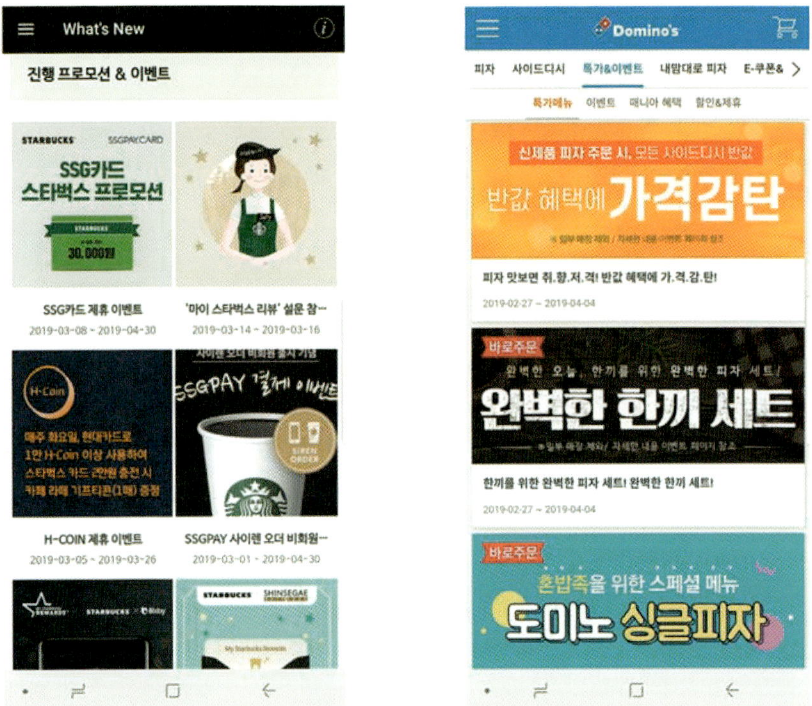

그림 1-1 스타벅스와 도미노피자의 프로모션과 이벤트 사례
출처: 스타벅스 앱, 도미노피자 앱

반면 스타벅스와 도미노피자는 온라인 마케팅의 중요성과 영향력을 예견하고 국내외로 정보기술에 대한 투자를 가장 많이 하였다. 결과적으로 그들은 시장을 선도하는 외식기업으로 성공한 대표적인 사례가 되었다. 해당 브랜드들은 온라인 마케팅에 성공하면서 업종 내의 치열한 경쟁에서 최고의 성과를 달성하고 있다.

2. 온라인 마케팅 시 고려해야 하는 요소

1) 정보가 이동하는 경로의 변화

현재를 모바일 인터넷 시대라고 한다. 소비자들은 대부분의 정보를 스마트폰으로 확인한다. 자연스럽게 텔레비전이나 신문 등 전통적인 미디어 매체를 이용하는 시간이 점차 줄어들었다. 그리고 인스타그램, 페이스북 또는 카카오톡을 통해 사람들과 소통하며 원하는 정보를 얻으면서 대중매체에 대한 정보 의존도가 계속 줄어들고 있다.

이로 인해 소셜미디어가 활성화되기 전 일방적으로 정보를 제공했던 예전의 미디어들이 젊은 세대에게 미치는 영향력이 줄어들었다. 신문을 예로 들면 불과 10여 년 전만 하더라도 메이저 신문사의 기사는 사람들에게 매우 큰 영향력을 행사했고, 모든 정보의 원천이라 해도 과언이 아니었다. 하지만 이제는 오프라인 중심의 TV, 신문과 같이 단방향으로 정보를 제공하는 미디어 채널은 소비자들의 선택을 받기 어려워졌다. 모바일 인터넷과 소셜미디어의 발달로 소비자들은 스마트폰으로 여러 언론사의 기사를 읽게 되었고, 자신이 읽고 싶은 것만 골라서 읽을 수도 있다. 필요하다면 글쓴이에게 세부적인 내용을 직접 확인할 수 있는 수준까지 와 있다.

2) 올바른 정보제공

온라인 마케팅에서 제일 중요한 것은 올바른 정보제공이다. 오프라인 중심의 시대에는 고객이 어떤 음식점에서 메뉴를 구매하기 전까지 매장, 메뉴, 서비스에 대한 정보를 잘 알지 못한 채 구매할 수밖에 없었다. 그러나 이제는 네이버 블로그나 인스타그램 또는 유튜브와 같은 온라인 매체를 통해서 매장의 분위기를 비롯해서 메뉴, 가격, 서비스에 대한 정보를 미리 알 수 있게 되었다.

소비자는 맛집을 찾는다거나 주말 데이트 장소 및 여행을 갈 때, 모든 온라인 매체를 동원해서 검색을 한다. 그 후 수집된 사전정보를 비교 분석한다. 온라인에서 유명한 맛집이고 매일 줄 서서 먹는 곳이라는 말에 특별한 체험을 기대하고 찾아갔는데 음식과 서비스가 기대 이하라면 실망한 고객은 다시 방문하지 않을 것이다. 그리고 이러한 실망한 정보를 온라인 매체를 통해서 다른 소비자들과 공유한다. 만약 내가 판매하려는 제품과 서비스를 과도하게 부풀려 홍보한다면, 단기적으로는 고객을 모을 수 있겠지만 장기적인 관점으로는 더 빨리 사라질 운명에 처할 가능성이 크다.

3) 우리 가게만의 특별함 또는 차별화된 경쟁력

성공한 음식점이 되기 위해서는 맛이 뛰어나야 한다는 것은 기본 중의 기본이다. 그리고 소비자는 가격대비 품질을 따지기 때문에 메뉴 기획도 중요하다. 그러므로 온라인 마케팅을 시작하기에 앞서 고객이 우리 매장에 와야 할 이유가 무엇인지, 내 가게의 특별함은 무엇인지부터 고민해야 한다. 매장 내에 손님이 지인들에게 자랑하고 싶어할 만한 유형의 특징과 무형의 스토리 등을 만들어야 한다.

예를 들어 "사장이 실수로 만든 재료비 70% 국내산 항정살 보쌈"이라는 플래카드를 붙이거나, 국밥집에서 국물을 얼마나 진하게 끓이는지 보여주기 위해 한 달 사용한 '전기요금표'를 붙여 두는 것도 매장의 특별함을 전달하는 방법이다. 그 외에도 '사장의 경영철학, 식재료에 대한 소개, 방문기념 선물, 전화번호 남기면 생일날 식사비 면제, 원산지 속이면 10배 보상' 등과 같은 매장의 특별함을 고객에게 직접적으로 제시해야 한다. 음식점의 차별화된 자랑거리는 고객이 우리 매장을 방문하게 만드는 강력한 차별화 요소가 되고 손님들의 자발적인 바이럴 요소가 된다. 만약 매장에 어떤 특별함도 없다면, 온라인 마케팅을 진행하기에 앞서 경쟁업체와 구별되고 고객들이 더 큰 가치를 느끼게 만드는 차별화된 강점을 만들어야 한다.

4) 온라인 상권분석

맛있는 메뉴를 적당한 가격에만 팔면 또는 맛있으면서 싸고 양이 많으면 무조건 성공할 거라고 생각하는 경영자가 많다. 하지만 우리 주변에는 이런 단순한 생각으로 창업했다가 단기간에 폐업의 길로 들어선 많은 음식점을 볼 수 있다. 생각보다 음식점으로 성공하기 위해서 갖추어야 할 경쟁 요소가 많다는 의미이다.

음식점으로 성공하기 위해서 어떤 부문에 어떻게 집중해야 할까? 이에 대한 답을 얻기 위해 소상공인 경영자는 상권분석에 관심을 기울여야 한다. 특히 SNS와 같은 온라인 매체를 활용해서 '내 점포의 약점과 강점, 소비자 욕구, 경쟁자 현황' 등을 파악하기 위한 '온라인 상권분석'을 반드시 해야 한다.

특히 온라인 마케팅의 비중이 큰 상권과 입지는 사전에 온라인 상권조사를 반드시 해야 한다. 예를 들어 교대역에서 냉면전문점을 오픈한다고 가정했을 때, 이 상권의 대표 키워드가 무엇이고 세부 키워드가 무엇인지 알아야 한다.

먼저 "교대역 맛집"이란 키워드를 보자. 네이버를 기준으로 월평균 PC와 모바일을 이용한 검색이 약 35,000회 정도 이루어지고 있다. 하루에 1,000명 이상이 교대역 인근에서 음식점을 찾는 것으로 짐작할 수 있다. 다만 '교대역 맛집'을 검색하는 사람들은 아직 어떤 음식을 먹을지 결정하지 않은 사람들이다. 그런데 '교대역냉면, 교대평양냉면, 교대역점심' 등의 세부 키워드를 검색하는 사람들은 이미 메뉴를 정하고 점포를 정하기 위해 검색하는 것으로 볼 수 있다.

이와 같이 소비자들의 맛집 검색 활동을 조사하고 분석함으로써 음식점 경영자는 목표고객을 정하고, 목표고객에 맞춰 매장의 콘셉트와 분위기, 메뉴 등을 기획할 수 있게 된다.

온라인 상권분석을 하면 음식점을 창업하는 기획단계에서 어떤 차별점으로 고객의 만족을 극대화할지, 어떤 특별한 체험을 하게 할지를 정하고 개업을 할 수 있다. 개업 후에는 기획한 차별점이 잘 부각되어 목표고객에게 전달되도록 온라인 마케팅을 진행한다.

5) 온라인 고객관리

과거에는 상품을 판매하는 것이 고객과의 관계를 계속 이어가는 것보다 중요했다. 그런데 세상이 많이 변했다. 일상 속에서 경험한 것을 다른 소비자에게 공유하는 시대가 되었다. 고객에게 상품을 판매하는 것도 중요하지만 고객과의 관계를 지속적으로 유지하기 위한 관리가 더 중요해지고 있다.

고객은 매장을 방문해서 파사드를 보는 순간부터 구매하고 나갈 때까지의 모든 경험을 고스란히 온라인 매체를 통해 타인에게 전달한다. 그리고 다른 사람들의 구매에 영향을 미친다. 이렇게 누군가에 의해 작성된 내용을 다른 고객이 검색한다. 바이럴을 통해 소비자들은 소상공인 점포를 발견하고 방문한다. 새로운 고객과의 관계가 시작된다.

좋은 경험이든 나쁜 경험이든 타인에게 정보를 전달하고 그 정보는 다른 사람의 의사결정에 중요한 기준이 된다. 소상공인 경영자들이 고객과의 접점(Moment of truth: MOT)에 집중하여 최고의 경험을 제공해야 하는 이유가 여기에 있다. 최고의 경험을 한 고객은 경영자가 별도로 요청하지 않아도 고객 스스로 마케터가 되어 여기저기 입소문을 내어주고 지속적으로 소상공인의 SNS 채널과 소통한다.

3. 변화하는 마케팅 전략

1) 트리플 미디어 전략

소셜미디어의 발달로 똑똑해진 소비자들에게 경영자는 어떻게 마케팅을 해야 할까? 요코야마 류지의 《트리플 미디어 전략》에서는 통합 마케팅 전략을 강조한다. 즉 '유료광고매체, 자사광고매체, 고객의 채널'이

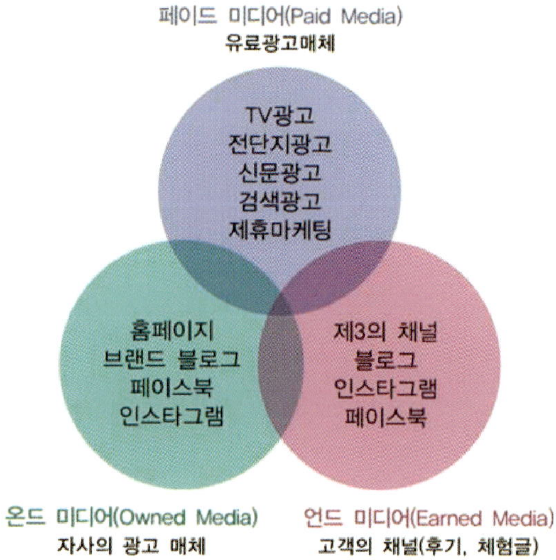

그림 1-2 트리플 미디어 전략

출처: 요코야마 류지 (2011). 트리플 미디어 전략. 흐름출판.

서로 연계되고 혼합되어야 한다고 주장한다.

트리플 미디어 전략이란 다양한 미디어(정보를 전송하는 매체)를 혼합해서 마케팅한다는 의미이다. 회사가 소유하고 있는 홈페이지 등의 자사 광고매체인 '온드 미디어'(Owned Media), 텔레비전과 신문 등 광고비를 지급하는 '페이드 미디어'(Paid Media), 그리고 브랜드를 체험한 고객들이 인터넷상에 리뷰, 댓글, 공유를 통해 브랜드의 평판을 만드는 '언드 미디어'(Earned Media)를 적절히 혼합할 때 가장 효과적인 마케팅을 펼칠 수 있다는 말이다. 즉, 한 가지 채널만 의존해서는 안 되며 다양한 미디어를 혼합해서 통합적으로 운영해야 가장 효과적인 마케팅을 펼칠 수 있다는 이론이다.

이러한 이론은 온라인 마케팅 실무에서 주요한 전략으로 활용된다.

트리플 미디어 마케팅 전략을 하나의 예로 설명하면, 우리 매장의 차별화된 콘셉트를 구현한 후에 온드 미디어와 페이드 미디어를 통한 어필로 고객의 시험구매를 유도한 후, 언드 미디어를 통해 좋은 평판을 유지하는 것이 포인트이다. 세 가지 미디어가 톱니바퀴 돌아가듯 서로에게 영향을 미친다는 트리플 미디어 전략은 여러 매체를 활용했을 때 더욱 효과가 높아진다는 원리이다.

이러한 이론을 잘 활용하려면 제일 먼저 자체 소유 매체, 즉 온드 미디어인 '홈페이지, 블로그, SNS'를 구축해야 한다. 페이드 미디어를 이용한 유료광고는 소상공인에게 마케팅 예산의 한계가 있으므로 바로 진행하기 쉽지 않다. 그러므로 온드 미디어와 언드 미디어(Earned Media)를 조화롭게 연계하여 고객의 신뢰와 평판을 얻은 이후에 시장을 좀 더 확장하는 시점에 페이드 미디어의 활용을 생각해 본다. 이처럼 우리 매장의 마케팅 채널들이 너무 한쪽으로 치우쳐 있지는 않은지, 대박점포들은 어떻게 마케팅 채널을 구축했는지, 트리플 미디어 전략을 참고해서 분석하면 더 좋은 온라인 마케팅 전략을 수립할 수 있다.

2) 필립 코틀러의 5A

마케팅 전략은 마케팅 목표를 달성하기 위해서 다양한 마케팅 활동을 통합하는 가장 적합한 방법을 찾아서 로드맵을 그리고 실천하는 일이다. 온라인 마케팅도 같은 맥락으로 접근해야 한다. 온라인 마케팅 전략 로드맵은 단계별로 설계해야 하는데, 가장 먼저 해야 할 일은 우리 매장을 찾아오는 고객의 구매경로를 찾아내는 것이다.

필립 코틀러는 《마켓4.0》에서 SNS로 연결되는 모바일 인터넷 시대의 고객 구매경로를 5A로 정의하였다. 5A는 인지(Aware), 호감(Appeal),

질문(Ask), 행동(Act), 옹호(Advocate)를 의미한다. 디지털 경제에서 고객의 경로는 고객 사이의 연결성을 5A로 표현할 수 있다. 이것을 통해 고객이 내 음식점과 메뉴에 대해 알게 되어 구매에 이르기까지의 시나리오를 상상해 보자.

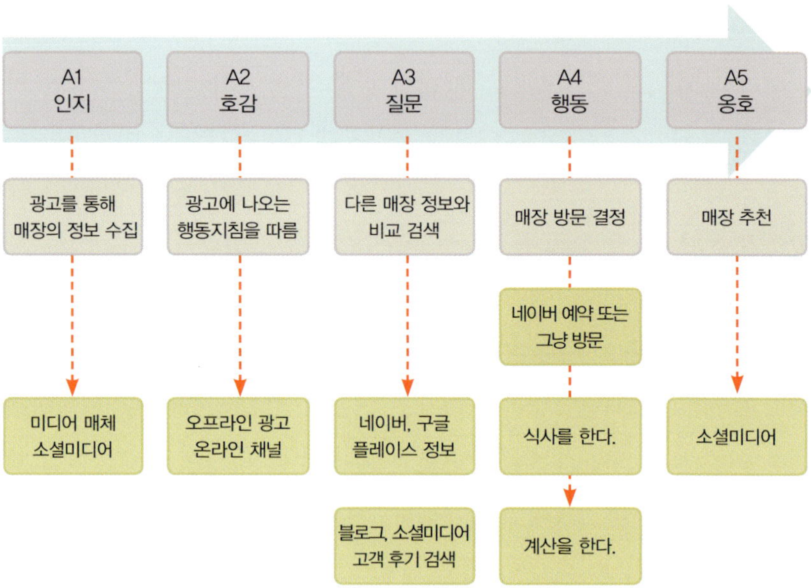

그림 1-3 5A 고객 경로 시나리오를 음식점 방문 경로에 맞게 재해석

출처: 필립 코틀러 (2017). 마켓 4.0. 더퀘스트.

경영자의 궁극적인 목표는 고객을 인지(A1)에서 옹호(A5)단계로 이동시키는 것이다. 여기까지 시나리오를 그려봤다면 인지(A1)에서 옹호(A5)로 이어지는 접점들에 내 채널들을 배치하고 고객의 선택을 받을 수 있도록 평가하고 개선하면서 플랫폼의 완성도를 높여간다.

4. 온라인 상권분석 방법

목표시장과 목표고객이 정해지면 인터넷 환경에서 목표고객이 활용하는 선택속성과 이용목적 등을 찾아낼 수 있다. 고객이 점포를 결정하는 선택속성을 알아냈다면 다음으로 신규고객의 창출과 기존고객의 충성도를 높이기 위한 온라인 상권의 확장이 필요하다. 온라인 상권 확장을 위해서 경영자는 먼저 온라인 상권을 분석해야 한다.

1) 사전조사

(1) 브랜드 키워드 조사

온라인 상권분석의 첫 번째 단계는 브랜드 키워드 분석이다. 키워드 분석은 해당 상권이나 업종과 관련된 키워드를 찾아내고 그 현황과 조회 수, 월별 추이를 파악하여 소비자의 인식과 수요의 변화 등을 확인하는 과정이다. 연관키워드를 활용하여 소비자들이 어떤 소비를 연계하고 있는지도 파악할 수 있다.

표 1-1 브랜드 조회 수 작성 리스트

날짜	브랜드 조회 수		브랜드 조회 수 합계
	PC	모바일	
2019년 1월 1일	900	3,920	4,820
2019년 1월 8일	900	4,160	5,060
2019년 1월 15일	1,010	4,750	5,760
2019년 1월 22일	1,030	5,400	6,430
2019년 1월 29일	1,130	6,500	7,630
2019년 2월 5일	1,200	7,150	8,350
2019년 2월 12일	1,130	7,500	8,630
2019년 2월 19일	1,140	7,590	8,730
2019년 2월 28일	1,170	7,090	8,260

〈표 1-1〉과 같이 브랜드 키워드는 네이버 검색광고 사이트를 이용하면 확인할 수 있다. PC와 모바일에서 월간 몇 회가 조회되고 있는지 확인하고 기록한다. 키워드의 변화를 한눈에 확인할 수 있다. 키워드 조회

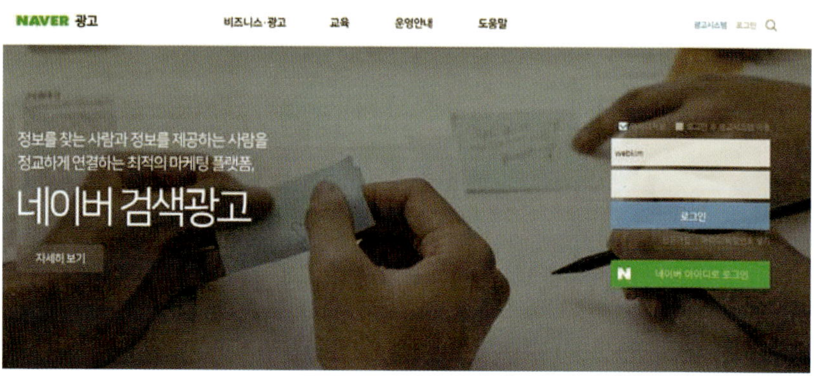

그림 1-4 네이버 검색광고 사이트

출처: https://searchad.naver.com

현황은 네이버 검색광고(http://searchad.naver.com)에서 별도의 회원가입과 로그인을 통해 확인할 수 있다.

또한 데이터랩의 트렌드분석(추세분석)을 통해 자신의 점포와 밀접한 키워드의 연간 조회 수를 그래프로 확인하여 특정 월에 어떤 키워드를 많이 조회하는지 찾아낼 수 있다.

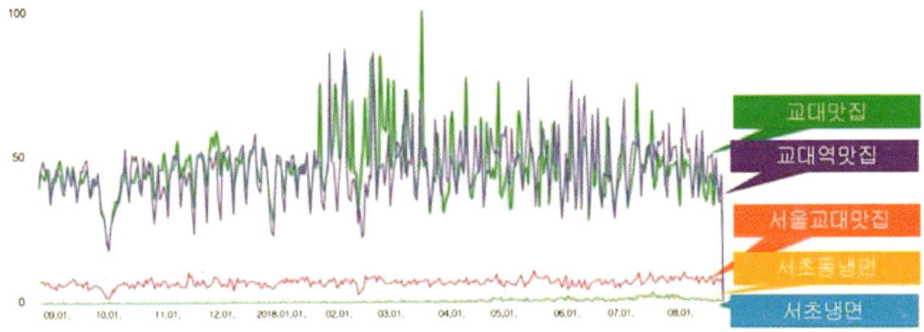

그림 1-5 교대역맛집, 냉면 업종의 주요 키워드 추세 비교
출처: 네이버 트렌드(https://datalab.naver.com/keyword/trendSearch.naver)

네이버 데이터랩(https://datalab.naver.com/keyword/trendSearch.naver)은 주요 키워드를 5개까지 비교할 수 있다. 따라서 추세분석을 활용하면 어떤 키워드를 어떤 시점(몇 월)에 전략적으로 활용해야 하는지 결정할 수 있다.

키워드 분석을 통해 찾아내야 할 시사점은 단순히 자신의 브랜드 조회 수와 관련된 키워드의 추세가 아니다. 실제 자기 매장의 조회 수 총합과 고객들이 주로 검색하는 키워드를 비교해 봄으로써 자신의 온라인 활동, 특히 온라인 마케팅 활동(직접 운영 또는 체험단, 기자단 등)이 실제 경쟁력이 있는지 판단해야 한다.

표 1-2 주요 키워드 조회 수 분류

구분	키워드	PC	모바일	합계
1	교대역 맛집	8,190	26,000	34,190
2	교대 맛집	5,250	24,700	29,950
3	서울교대 맛집	960	4,500	5,460
4	서초냉면	90	570	660
5	서초동 냉면	60	420	480
6	교대점심	190	410	600
7	교대역점심	630	670	1,300

(2) 중요 키워드 결정

예를 들어 교대역에 냉면집을 운영 중이라면 〈표 1-2〉에서 가장 중요한 키워드는 어떤 것일까? 혹자는 가장 조회 수가 높은 '교대역 맛집'이 중요하다고 한다. 또 어떤 사람은 2위 또는 3위의 키워드를 관리해야 한다고 권한다. 어떤 선택이 합리적인 의사결정인지는 선택 기준에 따라 다르다. 선택한 대표 키워드(조회가 많이 되는 키워드)로 콘텐츠를 노출할 것인지, 세부 키워드(조회가 상대적으로 적은 키워드)로 노출할 것인지, 또는 대표 키워드와 세부 키워드의 중간 키워드로 노출할 것인지 결정하기가 쉽지 않다. 정답이라고 단언하긴 어렵지만 우선 예상 키워드를 네이버 검색창에 검색하는 것이 중요하다. 그리고 그 키워드로 검색된 글의 제목과 내용을 분석하여 자신의 매장 상권과 메뉴, 가격 등을 고려하여 목표고객의 이용목적과 선택속성을 파악하고 가장 적합한 키워드를 선정해야 한다.

무조건 조회 수가 많은 키워드를 선정하면 된다는 식의 발상은 마치 "유동인구가 많은 상권에 들어가면 무조건 대박을 칠 것이다"라는 기대

심리와 같다. 충분한 조사분석과 검증만이 효율과 효과를 만들어 낸다. 반대로 조회 수가 극히 적은 키워드라고 해도 목표고객에 부합된다면 높은 구매전환을 일으킬 수 있다.

(3) 구매전환율이 높은 키워드 찾기

구매전환율이 높은 키워드를 선별하려면 구매 니즈가 있는 키워드에 주목해야 한다. 조회 수가 높은 키워드라고 해도 구매하고자 하는 의지가 없는 키워드라면 단순히 정보를 얻기 위해서 검색하는 것에 불과하다. 예를 들어 교대역에서 내 가게가 점심장사에 주력하고 있다면 〈표 1-2〉에서 주목해야 할 키워드는 '교대 점심'과 '교대역 점심'이다. 이 키워드로 노출되고 있는 온라인 영역을 공략해야 된다. 네이버 통합검색 영역에서 모바일과 PC에서 어떻게 노출되고 있는지 조사하고, SNS 영역에서도 관련 해시태그로 등록된 게시물들을 살펴보고 구매로 연결될 키워드를 선별할 수 있어야 한다.

2) 상권분석 실행

(1) 경쟁사 분석

먼저 키워드 분석을 통해 목표 키워드가 선정되었다고 가정하자. 선정된 키워드를 통해 온라인에서 경쟁점포가 어디인지 쉽게 찾아낼 수 있다. 경쟁사의 경우 자신의 점포와 동종의 아이템이나 주요 고객층, 콘셉트 등을 고려해서 실제 경쟁사를 결정할 수 있다.

그림 1-6 네이버 스마트플레이스를 활용한 온라인 상권 경쟁점포 조사
출처: 네이버 스마트플레이스(https://smartplace.naver.com)

또 어떤 채널이 주요 공략 채널인지도 확인해야 한다. 우리 점포와 경쟁점을 검색한 후 실제 콘텐츠의 양을 비교하여 현재의 상태를 파악하는 것도 매우 중요하다. 이를 통해 현재 자신의 점포와 경쟁점의 온라인 마케팅의 현주소를 확인하고 전략을 수립해야 한다. 〈표 1-3〉은 실제 주로 활동하고 있는 블로그 콘텐츠의 양을 통해 확인해 본 수치의 결과이다.

표 1-3 경쟁점포 콘텐츠 비교분석

상암동맛집 키워드 기준 상위 6개 업체(2019년 2월 20일 기준)					
플레이스 상위 및 자사 브랜드	블로그 리뷰 수 (전체)	블로그 리뷰 수 (최근 1개월)	블로그 리뷰 수 (최근 6개월)	예약자 리뷰 수 (전체)	VIEW 1페이지 노출
무스쿠스 상암점	248	4	23	1,928	X
덕승재 상암본점	498	30	186	71	O
김영섭 초밥	393	10	46	0	X
서룡	288	8	42	0	X
상암 일미락	278	1	33	0	X
월화고기 상암점	181	2	41	42	X

출처: 네이버(www.naver.com)

위 사례를 보면 전체 포스팅 수와 최근 6개월과 최근 1개월 동안의 콘텐츠의 양은 덕승재가 가장 많고 활발하다. 그러나 예약 관련 리뷰는 무스쿠스가 가장 활발하다. 이러한 분석을 통해 소상공인 경영자는 각 점포별로 어떤 특징이 있는지, 온라인 마케팅 관점에서 업체의 특성을 파악할 수 있다.

(2) 추세분석

위에서 잠깐 언급한 것처럼 네이버 데이터랩을 통한 추세분석은 특정 키워드의 조회 수 등을 월간 또는 연간으로 추적하여 변화를 측정하면서 수명주기는 물론이고 수요에 미치는 특정 이슈를 확인할 수 있다. 소상공인 경영자는 추세분석을 통해 자사와 경쟁사 간의 흐름을 비교분석할 수 있다.

그림 1-7 자사와 경쟁점포 추세 비교

출처: 네이버 트렌드(https://datalab.naver.com/keyword/trendSearch.naver)

〈그림 1-7〉은 선정된 키워드를 이용해서 동일한 업종의 경쟁사를 찾아내고 시즌 4개월간 추세분석을 한 자료이다. 추세분석은 온라인 마케팅 활동의 성과로 나타나는 브랜드 조회 결과이다. 〈그림 1-7〉과 같이 어떤 경쟁점포가 온라인에서 활발히 상권의 범위를 넓혀가고 있는지 확인할 수 있다. 또한 추세분석을 통해 특정 월의 이슈나 이벤트 등도 추정해 볼 수 있다. 추세분석으로 경쟁사의 활동성을 정량적으로 측정할 수 있고, 3개월, 6개월, 1년 등 온라인에서 바이럴되는 활동이 얼마나 지속적으로 나타나고 있는지 확인할 수 있다. 여러 사례와 연구자 등에 의해 추세와 매출, 즉 점포 성과의 상관관계는 비례한다고 보고되었다. 그러므로 자사와 경쟁사와의 추세를 지속적으로 관찰하고 예의주시할 필요가 있다.

(3) 내용분석과 분류분석

블로그 내용분석과 분류분석은 고객의 목소리(VOC)이다. 내용분석은 SNS에 존재하는 다양한 텍스트에 담긴 메시지의 특성, 의도, 구조 등을 객관적인 유목과 단위를 이용하여 분석하는 과학적인 기법이다.

온라인 상권분석에서는 월별 특성, 방문목적, 동반자, 이용 음식점, 방문시간, 구매한 메뉴와 가격, 만족도 및 구체적인 후기 등의 유목을 이용할 수 있다.

표 1-4 내용분석

점포명	가격		동절기	연령	피크 시간	리뷰 수	브랜드 조회 수	
	비빔냉면	물냉면					PC	모바일
A업체	13,000	13,000	육개장 갈비탕	30~60	점심	1,932	5,340	27,300
B업체	12,000	12,000	육개장 양지탕밥	50~60	점심	1,873	4,700	25,700
C업체	14,000	13,000	돼지갈비	30~40	저녁	750	6,370	24,200
D업체	11,000	11,000	온면	50~60	평일점심 주말저녁	1,189	2,950	16,100
E업체	11,000	11,000	소고기 국밥	30~50	점심	1,315	3,260	16,100
F업체	6,000	6,000	왕만두	20~30	평일점심 주말저녁	784	1,270	9,020
G업체	8,000	8,000	만두국	30~50	점심	801	970	6,820
H업체	10,000	10,000	만두국	30~50	저녁	741	1,730	4,590
I업체	13,000	13,000	–	40~60		31	830	4,160

내용분석은 일정기간 동안의 네이버 블로그 글을 자신이 분석하고자 하는 상권 특성에 적합한 분류체계로 만들어서 정량적 또는 정성적인 방법으로 조사하고 분석하는 방법이다.

온라인 상권분석의 마지막 단계는 분류분석이다. SNS에 존재하는 다양한 텍스트를 감성언어와 긍정, 부정을 기준으로 분류하여 시사점을 찾는 분석법으로, '소셜 메트릭스 인사이트(http://www.some.co.kr)'라는 사이트를 활용하여 분석 내용을 참고하면 이해하기 쉽다.

〈그림 1-9〉는 소셜 메트릭스 인사이트에서 '서관면옥'을 검색한 후 가장 위에 나타나는 '연관어 맵' 현황이다.

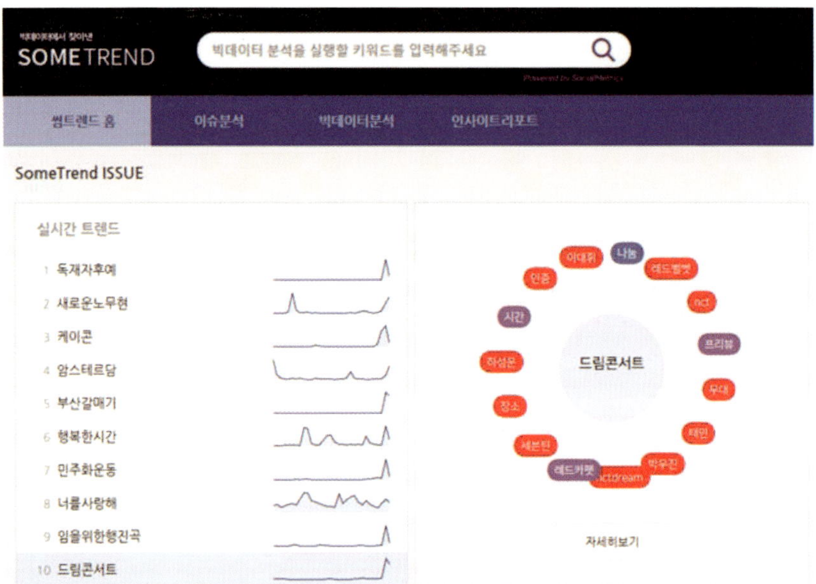

그림 1-8 소셜 메트릭스 인사이트
출처: 소셜 메트릭스 인사이트(http://www.some.co.kr)

그림 1-9 서관면옥 분류분석 사례

출처: 소셜 메트릭스 인사이트(http://www.some.co.kr)

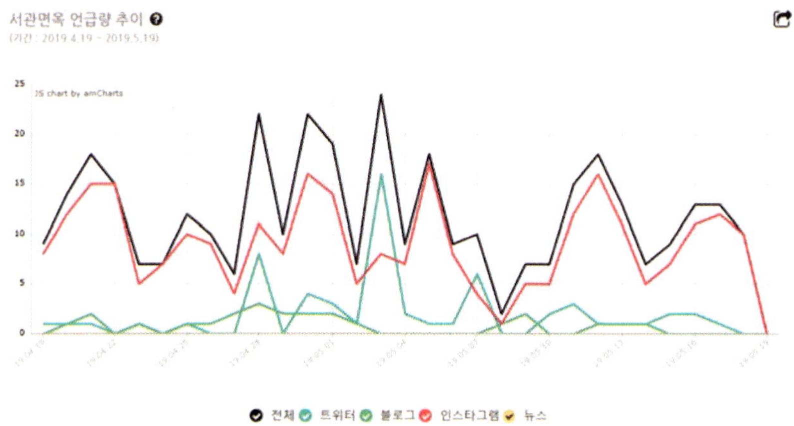

그림 1-10 서관면옥 언급량 추이

출처: 소셜 메트릭스 인사이트(http://www.some.co.kr)

〈그림 1-10〉은 다양한 소셜미디어 매체에 서관면옥이 나타나는 언급량 추이를 보여주고 있다. 사례에서는 '인스타그램'에서의 언급량이 가장 많고 이어서 '트위터, 블로그'의 순으로 언급량이 많은 것을 알 수 있다.

〈그림 1-11〉은 소셜 메트릭스 인사이트에서 보여주는 서관면옥의 감성분석 결과이다. '예쁜', '단아한'과 같은 긍정적인 감성어가 많이 나타나고 있다.

그림 1-11 서관면옥 감성분석 사례

출처: 소셜 메트릭스 인사이트(http://www.some.co.kr)

이상과 같은 분류분석을 통해 소상공인 경영자는 온라인 상권에서 자기 점포 또는 경쟁점에 대해 소비자들이 어떤 매체에서 어떤 키워드를 이용해 이야기하고 있으며, 어떤 감성을 표현하고 있는지 알 수 있다.

정리하기

01 많은 소비자들이 스마트폰으로 맛집을 검색하는 것이 보편화되면서, 음식점을 경영하는 사람이라면 누구나 블로그를 비롯한 다양한 SNS(Social Network Service)를 이용하여 마케팅 활동을 해야 한다.

02 온라인 마케팅이란 온라인이라는 영역에서 다양한 채널을 활용하여 자사의 상품과 서비스를 고객에게 알리고 소통하는 마케팅 활동이다.

03 국내의 모든 소상공인 경영자는 온라인에서 고객과 소통할 기회를 찾고, 관계를 만들어 장기적으로 유지하기 위한 노력을 해야 하며, 다양한 온라인 플랫폼을 활용하여 고객들과의 소통 채널을 계속 늘려나가야 한다.

04 소상공인 경영자는 상권분석에 관심을 기울여야 한다. 특히 SNS와 같은 온라인 매체를 활용해서 '내 점포의 약점과 강점, 소비자 욕구, 경쟁자 현황' 등을 파악하기 위한 '온라인 상권분석'을 반드시 해야 한다. 그래야 점포를 창업하는 기획단계에서 어떤 차별점으로 고객만족을 극대화할지, 어떤 특별한 체험을 제공할지 정하고 개업을 할 수 있다. 개업 후에는 기획한 차별점이 잘 부각되어 목표고객에게 전달되도록 만드는 온라인 마케팅을 진행할 수 있다.

05 스마트폰으로 모든 정보를 확인하는 시대이다. 자연스럽게 텔레비전이나 신문 등 전통적인 미디어 매체를 이용하는 시간이 줄어들었다. 그리고 SNS를 통해 사람들과 소통하고 정보를 얻으면서 대중매체에 대한 정보 의존도도 계속 줄어들고 있다.

06 온라인 마케팅을 시작하기에 앞서 고객이 우리 매장에 와야 할 이유가 무엇인지 고민해 봐야 한다. 점포의 차별화된 자랑거리는 고객이 우리 매장을 방문하게 만드는 강력한 메시지가 되고 손님들의 자발적인 바이럴 요소가 된다. 만약 매장에 그 어떤 특별함도 없다면 온라인 마케팅을 시작하기에 앞서 차별화된 강점 포인트를 만들어야 한다.

07 온라인 마케팅에서 제일 중요한 것은 올바른 정보제공이다. 온라인에서 유명한 맛집이라고 해서 특별한 체험을 기대하고 찾아갔는데 실제로 음식과 서비스가 기대 이하라면 실망한 고객들은 다시 방문하지 않을 것이고, 이런 정보들은 다양한 온라인 매체들을 통해 퍼져나간다. 그러므로 판매량을 늘리기 위해 정보를 부풀려 노출시키는 것보다는 올바른 정보를 제공하는 것이 현명하다.

08 키워드 분석을 통해서 내 가게를 대변해 주는 중요한 키워드들을 찾아낼 수 있다. 매장이 위치한 곳의 상권을 기준으로 대표 키워드를 선정하고 세부 키워드와 간접 키워드들을 발굴하여 블로그 포스팅과 SNS의 해시태그로 활용할 수 있다.

09 구매전환율이 높은 키워드를 우선 선별해야 한다. 조회 수가 높은 키워드라고 해도 구매 니즈가 보이지 않는 키워드는 단순히 정보를 얻기 위해 검색하는 키워드에 불과하다.

10 구매 니즈가 있는 키워드를 선별하여 네이버 통합검색 영역에서 모바일과 PC를 통해 해당 키워드로 노출되고 있는 온라인 영역을 공략해야 한다.

연습문제

01 온라인 마케팅의 개념과 트렌드를 정리하여 봅시다.

02 온라인 마케팅 시 고려해야 하는 요소를 정리하여 봅시다.

03 변화하는 온라인 마케팅 전략을 정리하여 봅시다.

04 자신의 점포 또는 관심 있는 점포를 대상으로 온라인 상권분석을 하고 결론과 시사점을 제시하여 봅시다.

Chapter 02
소상공인을 위한 블로그 마케팅 입문

CONTENTS ▶▶▶

CHAPTER 02

소상공인을 위한 블로그 마케팅 입문

▶▶▶ 학습목표

- 블로그의 역할과 활용방법을 설명할 수 있다.
- 블로그를 시작하기 위한 벤치마킹 방법을 설명할 수 있다.
- 블로그 마케팅 설계도를 그리고 설명할 수 있다.
- 블로그 글쓰기를 위한 준비내용과 방법을 설명할 수 있다.

1. 블로그 알고 시작하자!

이 글을 읽는 독자들은 블로그 글쓰기의 필요성과 중요성을 충분히 인정할 것이다. 하지만 단문이나 이미지 중심의 SNS와 달리 블로그 글쓰기는 시작하기 힘들뿐만 아니라 지속해서 운영하기가 매우 힘들다. 많은 관심과 노력이 필요하기 때문이다. 그래서 차별화된 블로그를 만들고 운영하려면 확실한 동기부여가 필요하다. 이제 입문하는 블로거라면 왜 시작해야 하는지 목표를 명확히 정하고 시작해야 한다.

1) 블로그 역할의 재정의

"아직도 블로그 해? 지금은 유튜브나 인스타그램이 대세야."라는 말을 한다. 하지만 블로그는 꿋꿋이 자기 자리를 지키고 있다. 그 이유는 가장 대중적인 정보제공 플랫폼으로 자리 잡았기 때문이다. 그만큼 블로그에 쓰는 글의 힘은 강하다. 구매 설득의 마지막 단계는 글이다. 결국 여러 채널로 재주를 부려도 마지막은 글로 세일즈해야 한다. 그만큼 글의 힘은 강하고, 그래서 여전히 블로그의 영향력은 유효하다. 기존 블로그 마케팅이 검색 기반의 단방향 채널이었다면, 모바일을 통한 SNS 기반의 인터넷 시대로 접어들면서 블로그는 쌍방향의 상호보완적인 형태로 바뀌었다. 오늘날 블로그 마케팅의 핵심은 고객과 원활한 커뮤니케이션을 통한 관계 구축이다. 즉, 양방향 소통 형태의 블로그이다. 네이버는 검색시장에서 국내 80% 이상의 점유율을 자랑한다. 그래서 네이버 상위노출 시 매출이 어느 정도 보장된다. 블로그 마케팅을 선호하는 이유이다. 하지만 소비자의 정보 취득 경로가 변했기 때문에 블로그 활용법도 이에 맞추어야 한다.

2) 소비자는 아직도 블로그를 통해 자신이 찾는 정보의 신뢰도를 확인하려고 한다

블로그는 현재 광고글로 도배되어 있다. 하지만 소비자는 그것을 알면서도 검색 도구로 활용한다. 왜냐하면 소비자는 구매에 앞서 구매 실수를 사전에 방지하려고 하기 때문이다. 소비자는 다양한 경로를 통해 정보를 취합하는데 그 중 블로그가 가장 객관적인 정보라고 생각한다. 블로그 마케팅의 특성 중 하나는 아직 블로그를 생산하는 사람보다 소비하는 사람이 많다는 것이다. 이는 구매의도에 유의미한 영향을 미친다. 구매의도에 영향을 미치는 요소로는 최소 1년 이상의 운영 기간, 중립적인 포스팅 정보, 블로그의 시각적 요소 등이 있다.

3) 사람들은 문제를 해결하기 위해 블로그를 검색한다

잊지 말자. 블로그의 본질은 정보의 공유와 소통이다. 사람들이 블로그를 찾아오는 목적은 현재 당면한 문제를 해결할 정보를 얻기 위해서이다. 문제해결을 위해 찾아온 사람들에게 정보를 제공했다면 그 사람은 원하는 것을 얻은 후에도 다시 찾아오게 된다. 블로그를 홍보 채널로만 생각하지 말고 유의미한 정보 전달에 집중해야 하는 이유이다.

4) 상위노출에 집착하기보다 이웃 늘리기에 집중해야 한다

네이버는 매년 로직을 바꿔가면서 어뷰징을 막으려 한다. 광고 대행사나 마케터는 로직을 파악하고 상위노출을 시도하고 있지만 상위노출은 더욱 어려워지고 있다. 따라서 블로그에서 관심을 가져야 하는 것은 이웃 맺기이다. 블로그의 이웃 맺기 기능은 인스타의 팔로워나 페이스북의 친구 맺기와 같은 맥락이다. 상대방이 수락한다면 지속해서 소통하며 유익한 정보를 공유해야 한다. 다만 처음부터 광고성 글을 소개하기보다는 도움이 될 정보를 공유하고, 어느 정도 신뢰가 쌓인 후 구매욕구를 슬쩍 찌르는 넛지마케팅을 활용하는 커뮤니케이션 기술이 필요하다. 이처럼 정보전달자로써 지속해서 블로그 운영을 한다면 잠재고객 확보는 물론 자신의 업에서 전문성을 인정받을 기회가 된다. 블로그는 소상공인 경영자를 위한 마케팅에서 매우 중요한 위치를 차지하고 있다. 상위노출보다 블로그의 본질을 정확히 이해하고 정보제공과 소통의 역할을 잊지 말아야 한다. 블로그는 잠재고객들과 관계를 맺고 소통하는 훌륭한 마케팅 도구이다. 다만 어떻게 관계를 맺고 소통하느냐에 따라 C학점의 블로그가 될 수도, A⁺학점의 블로그가 될 수도 있다.

5) 블로그 운영의 5가지 장점

블로그 운영에 대한 정보는 어디서나 쉽게 얻을 수 있다. 하지만 검색이나 관련된 책을 통해 얻을 수 있는 정보는 개인적인 경험을 기반으로 정리한 내용이거나 다분히 사업적이다. 반면 외국의 저자들이 쓴 책은 전문적인 방법론을 제시하는 책이 많다. 필자는 이런 전문서적과 사례들을 수집, 정리하면서 실제 효과가 있는지 적용해 봤다. 수많은 시행착오를 겪었지만 대부분 좋은 성과를 냈다. 그 결과는 다음과 같다.

(1) 퍼스널 브랜딩과 자기PR의 도구

온라인 네트워크가 발달하기 전에는 아무리 뛰어난 실력자라도 자신의 재능을 보여줄 수 있는 기회가 많지 않았다. 하지만 이제는 누구나 인터넷을 통해 자신의 재능을 마음껏 펼칠 수 있다. 그것이 바로 블로그다. 블로그에 꾸준히 전문적인 콘텐츠를 올리면 그대로 나만의 포트폴리오가 된다. 페이스북, 인스타그램, 카카오스토리 등 SNS를 통해 퍼스널 브랜딩을 하여 유명해진 사람들도 많지만, 플랫폼 자체가 휘발성이 강하기 때문에 자신의 능력을 체계적으로 표현하기는 어려운 측면이 있다. 콘텐츠를 체계적으로 정리하여 자신의 능력을 깊이 있게 표현하고 싶다면 블로그가 가장 적합한 도구이다.

(2) 자기계발 효과

필자의 경우 처음 블로그에 글을 쓸 때 그동안 공부하면서 경험하고 검증했던 내용을 먼저 올리기 시작했다. 하지만 계속 콘텐츠를 올리게 되자 올릴 내용이 없어져서 새로운 소재를 찾아야 했기에 책과 강의를 들으면서 연구를 하게 되었다. 그 과정에서 자연스럽게 실력이 늘어갔다. 블로그를 운영하면서 깨달은 한 가지는 블로그 주제에 맞는 글을 계속 올림으로써 해당 분야의 전문지식을 쌓을 수 있다는 것이다. 개인적으로 사용 중인 자료정리 도구 에버노트와 3P 바인더에도 지식을 정리하는 방법이 있지만, 블로그에 올리는 글은 누군가가 본다는 것을 염두에 두고 글을 쓰게 된다. 그러므로 상대방이 쉽게 이해하고 공감할 수 있는 글을 쓰게 되므로 글을 쓰는 역량이 길러지고 그에 비례하여 좋은 콘텐츠가 만들어진다.

(3) 출판의 기회

나의 버킷 리스트 중 하나는 나의 이름으로 된 책을 출간하는 것이었다. 막상 책을 쓰려고 했을 때는 막막했지만 블로그 글쓰기를 계속하면서 조금씩 자신감을 가지게 되었다. 처음부터 출판을 고려하여 블로그를 시작한 건 아니었지만 언젠가는 책을 출간하겠다는 것을 염두에 두고 블로그 글쓰기를 하였고 결국 책을 출간하는 기회를 얻게 되었다. 대표적인 책으로 《음식점 마케팅》이 블로그 글을 통해 태어났다. 글을 읽는 여러분도 마음만 먹는다면 1~2년 후 자신의 이름이 새겨진 책을 만날 수 있을 것이다.

(4) 다양한 리뷰

상품이나 음식점, 여행을 가기 위해 먼저 경험한 사람들의 리뷰를 통해 정보를 얻곤 하는데, 블로그를 운영하면 내가 직접 리뷰어가 될 수 있다. 전문 리뷰어가 되면 수익 창출을 할 수 있기 때문에 대가를 받고 글을 올려주는 전문 리뷰 블로거들도 많다. 하지만 블로그를 수익화하는 것은 양날의 검과 같다. 본인의 주제와 상관없는 글을 자주 쓰면 퍼스널 브랜딩을 하는 데 방해 요소가 될 수 있기 때문이다. 비용을 받고 글을 쓴다면 나만의 원칙을 세워 어떤 글만 쓸 것인지, 자신의 관심과 전문성을 향상시킬 수 있을지 여부를 결정한 후 진행해야 한다.

(5) 새로운 기회 발생

블로그를 계속한다면 시작할 때는 상상하지도 못했던 기회가 생길 수 있다. 필자의 경우 지도교수님의 권유로 시작을 하게 되어 교수님의 온라인 마케팅 강의 스텝으로 참가할 수 있었다. 그 후에도 몇 번의 과정을 거치면서 직 · 간접적으로 강의 경력을 쌓을 수 있었고 이는 현재도 진행형이다. 이러한 것들은 모두 블로그를 시작하면서 예상했던 것이 아니었다. 블로그는 나를 담는 그릇이다. 생각하고 계속 자신을 브랜딩해간다면 다양한 기회가 창출될 것이다. 위와 같은 5가지 장점에도 불구하고 서두에 언급한 것처럼 블로그를 지속해서 운영하기 위해서는 매우 강력한 동기부여가 필요하다. 왜 블로그를 계속해야 하는지 이유를 찾아보자. 필자의 경우도 중도포기를 예방하고자 블로그와 연계된 자기계발서들을 계속 읽어왔다. 당장 성과가 나지 않더라도 꾸준히 글을 써야만 하는 이유를 찾아보자. 자신이 상상하지도 못했던 기회들이 생길 것을 기대하면서 말이다.

블로그 운영팁

1인 미디어 블로그

블로그(BLOG)는 웹(WEB)과 로그(LOG)의 합성어로 1997년 미국에서 처음 시작되었고 국내에서는 2002년 11월 최초로 상업 블로그가 등장함으로써 본격적인 블로그 시대의 막이 올랐다. 일상과 취미, 관심사, 맛집 탐방 등 다양한 형태의 콘텐츠를 쏟아내던 블로그는 이제 개인 일기장 개념을 넘어 언론 역할을 대신할 정도의 파급력을 가진 1인 미디어로 부상하기에 이르렀다. 그러나 본격적인 모바일 인터넷 시대로 넘어간 후부터는 SNS의 활용도가 증대되면서 파급효과가 많이 줄어들긴 하였지만 퍼스널 브랜딩을 하는 데 블로그만큼 좋은 플랫폼은 없다.

출처: 성창열, 이혜강(2016). 블로그 마케팅을 뛰어넘는 블로그 브랜딩. 위키북스.

2. 블로그의 시작은 벤치마킹부터

블로그 시작 전 가장 먼저 해야 할 일은 다른 블로그를 많이 보는 것이다. 경쟁업체의 블로그나 생각하고 있는 주제와 비슷한 콘셉트의 블로그를 찾아서 연구해야 한다. 적어도 100개 이상의 블로그를 살펴보면서 특징들을 잘 파악하여 나만의 콘셉트로 새롭게 창조하는 것이 좋다. 이제 막 입문한 경우 어디서 블로그를 구경해야 할지 모르기 때문에 도움이 될 만한 사이트를 안내하니 참고하기 바란다.

1) 블로그 찾기

(1) 블로거들의 놀이터 블로그차트

블로그차트는 대한민국에 존재하는 대부분의 블로그가 분야별로 분류되어 등록된 랭킹 서비스이다. 2019년 8월 기준 15,319,502명의 블로그가 가입되어 있으며 블로그의 전체 랭킹과 블로그 주제별 랭킹으로 나누어져 있다. 분야별로 10위까지의 블로그들을 소개하고 있기 때문에 10위권에 있는 블로그들을 구경해 보기를 추천한다.

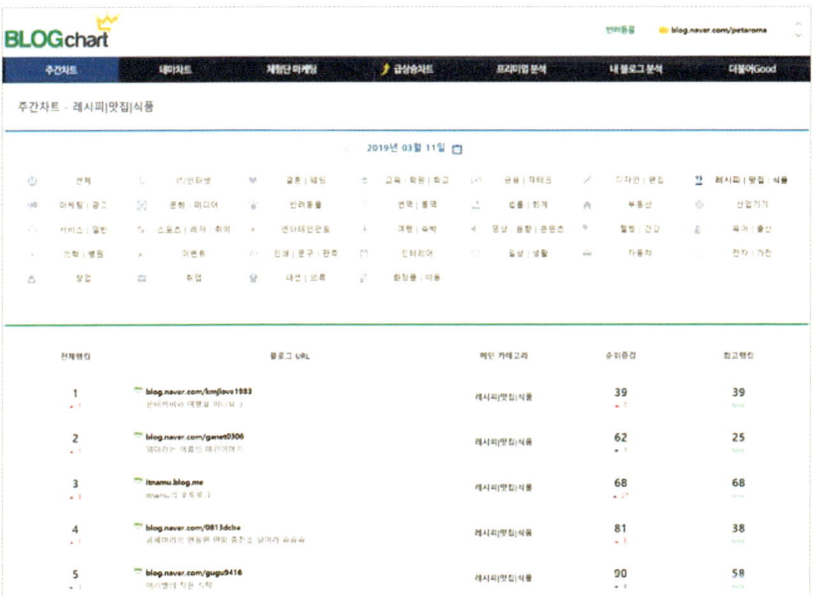

그림 2-1 블로그차트 주간차트 순위 – 레시피 | 맛집 | 식품

출처: 블로그차트(http://www.blogchart.co.kr/)

(2) 블로거들의 로망 파워블로그

네이버는 2008년도부터 2014년도까지 매년 파워블로그를 선정했다. 관심 있는 주제에 창의적인 콘텐츠를 올리며 열정적인 활동을 한 블로거에게 주는 훈장과 같은 존재다. 네이버에서 인증한 블로그이기 때문에 이들의 운영방식을 잘 배우고 벤치마킹해 볼 필요가 있다.

그림 2-2 네이버 파워블로그 활동 가이드

출처: 네이버 블로그홈(https://section.blog.naver.com/PowerBlog)

(3) 경쟁사 및 동종업계의 블로그 찾아보기

이미 알고 있는 업체명으로 검색하여 전문가나 업체에서 운영 중인 블로그를 찾는다. 동종업계 및 경쟁사에서 운영 중인 블로그를 살펴보며 블로그의 레이아웃은 어떻게 구성했는지, 콘텐츠의 전문성은 어느 정도인지 살펴보며 블로그 운영에 참고할 수 있다.

2) 벤치마킹 방법

(1) 블로그 레이아웃

벤치마킹을 할 블로그를 선정했다면 전체적인 콘셉트부터 방문자 현황까지 꼼꼼하게 점검해볼 필요가 있다. 잘나가는 블로그를 분석해 보면 블로그의 레이아웃과 기능들을 파악할 수 있으며, 주제와 운영 방향을 잡는 데 도움이 된다. 블로그는 PC와 모바일에서 모두 사용이 가능하다. 하지만 모바일에 없는 기능들이 PC에 많기 때문에 PC를 우선으로 벤치마킹을 시작하는 것이 좋다.

(2) 블로그의 메인화면

블로그를 방문했을 때 첫인상이 중요하다. 전체적인 배경과 디자인, 썸네일 등을 벤치마킹해서 경쟁사의 블로거는 어떻게 화면을 구성하고 있는지 꼼꼼히 살펴볼 필요가 있다.

① 블로그 주소 : 인터넷 주소창

② 블로그 제목 : 타이틀 이미지에 표시되는 블로그 이름

③ 운영자 별명 : 블로거의 닉네임

④ 블로그 소개 글 : 블로그의 주제와 주인장을 소개하는 곳

⑤ 블로그 스킨 디자인 : 블로그의 전체 배경 스킨

⑥ 전체적인 레이아웃 : 블로그의 틀을 잡는 것

그림 2-3 블로그 메인화면 벤치마킹하기

출처: 네이버블로그 꿈꾸는 마케터 온라인 마케팅 이야기(https://blog.naver.com/xang88)

(3) 블로그의 활성화 현황 측정

블로그를 살펴볼 때 제일 중요한 것은 블로그 글쓰기를 꾸준히 하고 있는지, 이웃들과 잘 소통하고 있는지에 대한 부분이다. 최근에 작성한 글을 통해 어떤 활동을 하고 있는지 잘 살펴보도록 한다.

⑦ 블로그 이웃 수 : 현재 블로그의 구독자 수를 파악할 것
⑧ 일, 누적방문자 : 하루 방문자와 누적방문자 수를 파악할 것
⑨ 전체 포스트 수 : 지금까지 발행된 글의 수를 파악할 것
⑩ 카테고리 구성 : 카테고리 체크로 블로그의 주된 글 파악 가능
⑪ 최근 포스트 댓글 현황
⑫ 최근 포스트 현황

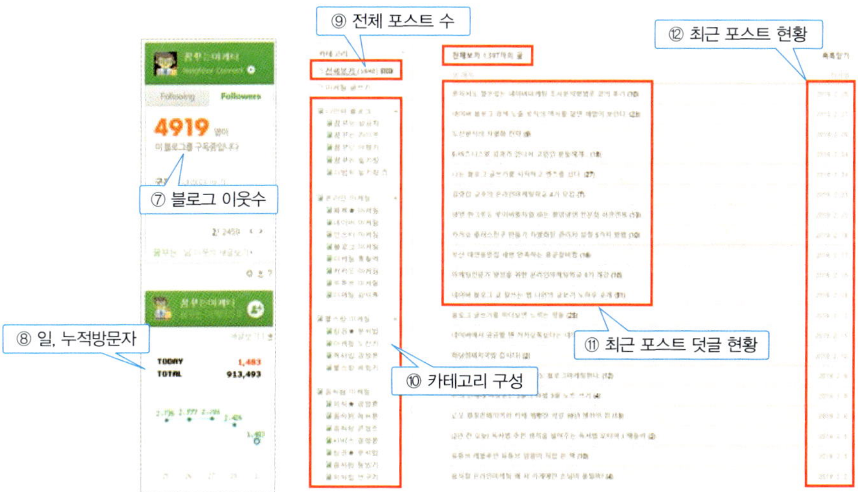

그림 2-4 블로그 활성화 현황 측정 벤치마킹하기
출처: 네이버블로그 꿈꾸는 마케터 온라인 마케팅 이야기(https://blog.naver.com/xang88)

블로그 운영팁

파워블로그 제도 폐지 후 생긴 이달의 블로그

이달의 블로그는 관심사 별 블로그를 쉽게 찾아볼 수 있도록 이용자분들의 호응을 얻고 있는 블로그와 블로그 서비스팀이 함께 나누고 싶은 블로그들을 주제별로 다양하게 추천하는 서비스이다.

매월 단위로 소개되며, 매달 말일경 새로운 주제별 블로그 목록을 확인할 수 있다.

출처: 네이버블로그팀 공식블로그(http://blog.naver.com/blogpeople)

3. 블로그 마케팅을 위한 설계도 그리기

블로그는 검색사용자에게 정보를 제공하거나 상품에 대한 리뷰를 제공함으로써 구매에 대한 확신을 불어넣어 준다. 여기서 블로그는 세 가지 유형으로 나눌 수 있다.

그림 2-5 블로그의 유형

1) 블로그의 유형

(1) 브랜드 블로그

브랜드 블로그는 '공식 블로그'란 이름으로 불리기도 하는데 회사에서 자체적으로 직접 운영하는 블로그를 의미한다. 회사의 공식적인 통로이면서 홈페이지처럼 고객이 신뢰하는 채널이기 때문에 신뢰할만한 정보를 지속적으로 제공하고 노출해야 한다. 브랜드 블로그는 직원들에게 맡기는 것보다는 직접 대표가 챙기거나 전담 마케팅 담당 직원을 두고 운영할 것을 추천한다. 브랜드 블로그는 명확한 목적과 전달성을 갖춰 블로그를 기획 · 제작하고, 블로그 제작이 완료되면 해당 블로그를 상위에 노출시키고 뉴스, 언론보도 등 기타 마케팅과 연계시켜야 한다.

블로그는 고객과 소통의 공간을 넘어 기업 이미지, 즉 브랜드 가치를 높이는 공간으로 사용해야 한다. 단순한 취미 형태인 개인 블로그와 달리 목적을 띤 브랜드 블로그는 기획부터 달라야 한다. 블로그를 단순 홍보의 수단으로 활용하는 것이 아니라 고객과 소통하는 마케팅 채널(간접적인 고객 경험 관리)로서 자신의 브랜드를 만들어 가는 공간으로 생각하는 것이 중요하다!

따라서 브랜드 블로그를 개설할 때는 블로그의 운영 목적(마케팅 방향)부터 명확히 정의해야 한다. 고객들에게 어떤 메시지를 통해 어떤 이미지를 갖게 할지 포지셔닝을 해야 한다는 이야기이다. 막연히 "블로그를 운영하면 고객 유입에 도움이 되겠지?"와 음식점을 브랜딩하기 위해 "어떤 주제와 콘텐츠로 준비하고 어떤 카테고리의 구성이 가장 적합할까?"를 고민하는 사람의 성과 차이는 당연히 달라질 수밖에 없을 것이다.

(2) 체험단 블로그

체험단 블로그는 네이버에서 고객이 검색했을 때 구매 경험을 전달해 주는 역할을 한다. 예를 들어 소비자가 정보를 얻기 위해 검색을 했는데 온통 내가 쓴 글로만 도배되어 있다면 고객에게 신뢰를 주지 못할 것이다. 그렇기 때문에 여러 사람들의 블로그를 통해 리뷰를 작성하는 것이다. 제일 좋은 것은 구매 경험을 한 고객의 자발적인 리뷰와 후기이지만 많은 사람이 블로그 포스팅을 하는 데 부담을 느끼기 때문에 대행사를 통해서 체험단 마케팅을 한다.

(3) 개인 블로그

마케팅을 위해 블로그를 운영하지만, 타인의 제품을 소개하는 것보다는 운영자를 중심으로 이야기를 풀어가는 방식이다. 운영자의 관심사를 글로 표현하며 개인의 일상도 함께 작성하여 공감을 끌어낸다. 바로 이런 블로그가 사람 냄새 나는 블로그이며 사람들과 소통할 수 있도록 도와준다. 평소에는 전문적인 글을 쓰면서 꾸준히 신뢰를 쌓으면 믿을 수 있는 사람으로 인식되어 자연스럽게 마케팅으로 연결할 수 있다.

2) 블로그의 콘셉트를 잡아주는 3가지 차별화 전략

블로그를 운영하기에 앞서 어떤 주제의 콘텐츠를 발행할 것인지 고민해야 한다. 예를 들어 블로그라는 큰 그릇에 맛있는 음식을 담아야 할 임무가 생겼다. 당신의 음식을 맛볼 고객은 누구인가? 그 고객이 좋아하는 음식은 무엇인가? 여러 가지 상황을 고민하고 음식을 준비하여 고객의 관심을 끌어야 한다. 당신이 블로그 방문자라면 어떤 글에 관심을 가질 것인지 생각해 보고 블로그에 담아낼 수 있는 맛있는 이야기가 무엇인지 찾아보도록 하자.

(1) 세계에서 유일한 나만의 콘텐츠는 무엇일까?

블로그를 시작하면서 첫 번째로 해야 할 것은 내가 제일 자신 있게 글로 표현할 수 있는 소재를 찾는 것이다. 평소에 좋아하고 잘할 수 있는 관심사를 찾아서 이야기로 풀어본다.

현재 내가 하는 일과 취미, 일상을 다른 블로거와 소통하다 보면 그것이 나만의 콘셉트가 된다.

(2) 달인 김병만도 깜짝 놀랄 나만의 수식어 붙이기!

블로그를 시작하면서 두 번째로 해야 할 일은 나만의 수식어를 붙이는 작업이다. 모든 기업의 소개 글이 중요하듯 블로그의 소개 글도 중요하다. 예를 들어 음식점을 소개하는 내용이라면 '3대째 이어오는 달인의 집', '365일 줄 서야 먹을 수 있는 맛집', '대통령도 왔다가 못 먹고 돌아간 집' 등 나만의 장점을 어떻게 어필할지 심도 있게 고민해야 한다.

(3) 어떤 블로그로 기억될 것인가?

일상과 체험 리뷰 블로그인가? 내가 자신 있는 전문분야 블로그인가? 블로그를 시작했다면 두 가지 길림길이 생긴다. 대가를 받고 리뷰를 써주는 체험단 블로그가 될 수도 있고, 당장 수익보다는 특정 분야의 전문적 지식을 제공해 주는 블로그가 될 수도 있다. 네이버는 한 주제를 집중해서 쓸수록 가산점을 주고 있다. 이를 'C랭크 알고리즘'이라고 한다.

예를 들어, IT 관련 포스팅을 계속하면 상위로 올라가지만 맛집 포스팅을 하면 하위로 밀리게 된다. 한 주제에 관해 일관적으로 쓴 글은 해당 블로그의 주된 주제와 제목으로 인식된다. 이는 계속 진행형이기 때문에 너무 고민하진 말고 먼저 글쓰기를 꾸준히 하기를 추천한다. 어떤 블로그에서도 볼 수 없는 나만의 이야기를 콘텐츠로 만들어 보자. 사람들은 항상 새로운 이야기를 찾는다. 그동안 겪었던 경험담을 넣어 나만의 새로운 이야기를 쓴다면, 또 그것이 고객이 찾는 유용한 정보라면 이는 가장 좋은 차별화 전략이 될 것이다.

3) 블로그 카테고리 계획하기

블로그 카테고리는 책의 목차 또는 음식점의 메뉴판과 같다. 크게 3가지의 주제로 나누어 블로그에 어떤 내용을 담을지 고민해 보자.

(1) 주인장 소개 카테고리

제일 첫 번째 카테고리에는 주인장을 소개하는 내용이 필요하다. 홈페이지에서도 자사의 제품이나 서비스를 홍보하는 글이나 비하인드 스토리가 담겨 있듯이, 블로그 카테고리에도 자신의 소개 또는 자신의 점포 제품을 소개하는 내용을 담아야 한다.

(2) 전문분야 카테고리

블로그는 정보 제공자로서 검색 이용자들에게 필요한 정보를 제공해야 하는 의무 아닌 의무를 갖고 운영해야 한다. 블로그를 통해 전문분야의 일들을 어필한다. 해당 분야에서 전문가가 되는 것이며 가장 믿을 수 있는 블로그가 되는 것이다. 그러므로 현재 운영 중이거나 앞으로 운영하려는 관심 분야에서 가장 신뢰할 수 있는 블로그가 되어야 한다. 정보 제공자로서 꾸준히 제공할 수 있는 정보는 무엇이 있는지 찾아보도록 하자.

(3) 일상과 취미를 담은 카테고리

비즈니스가 아닌 운영자의 일상과 취미 등을 담는 카테고리를 말한다. 쉬는 날 주로 무엇을 하며 보냈는지, 여행 다녀온 이야기, 감성적인 부분을 기록으로 남기고 싶을 때 이 카테고리에 기록하자. 전문분야의 글만 매번 작성하는 것보다 블로그 운영자 개인의 이야기를 올리는 것이 이웃들과 공감할 수 있는 콘텐츠가 될 수 있다.

이처럼 블로그는 크게 3개 파트의 카테고리를 계획할 수 있다. 꼭 틀에 맞출 필요는 없으며 자신만의 스타일들을 살려 카테고리와 콘텐츠를 계획하면 된다.

블로그 운영팁

블로그형, 앨범형 선택하기

블로그 [관리]-[메뉴 글관리]-[메뉴관리]-[블로그]를 이용해 카테고리별로 블로그형, 앨범형을 선택할 수 있다.

기본 설정은 블로그형으로 되어 있다.

카테고리 선택 시 제목을 통해서 블로그의 글을 구분하고 싶다면 블로그형을 추천하며, 카테고리 선택 시 썸네일 이미지가 보이게 하려면 앨범형을 추천한다.

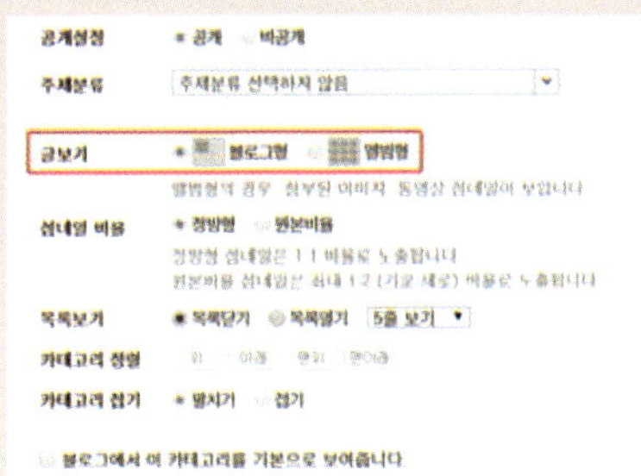

4) 블로그 마케팅 운영계획 세우고 표로 만들기

블로그를 꾸준히 운영할 수 있도록 블로그 운영에 대한 구체적인 목표를 계획하자. 블로그는 처음 시작했을 때의 열정과 달리 주기적으로 고비가 찾아온다. 그리고 마케팅 효과가 바로 나타나지 않는 경우도 포기하고 싶은 생각이 든다. 매일매일 콘텐츠를 발굴해야 하는 힘든 여정이다. 그러나 자신만의 뚜렷한 목표가 있다면 블로그를 계속 운영하는데 좋은 동기부여가 될 것이다. 블로그 마케팅의 효과를 얻고 싶다면 매일 1~2시간 이상을 투자해야 한다. 블로그를 통해 얻으려는 성과는 무엇인가? 블로그를 시작하기 전 철저한 계획을 세워 보도록 하자.

블로그를 운영하는 데 이런 복잡한 과정을 꼭 거쳐야 하는지 의문을 가질 수도 있지만 〈표 2-1〉과 같은 블로그 운영계획표를 작성하다 보면, 조금 더 구체적인 운영 아이디어가 떠오르기도 하고, 블로그 운영의 방향성을 잡는 데도 도움이 된다.

표 2-1 김영갑 교수의 온라인 마케팅 학교 1기 김용준 블로그 운영계획표 사례

구분		내용
이름과 자신에 대한 간단한 소개		안녕하세요 심플스타트입니다. 창업과 경영 그리고 마케팅을 공부하고 미래의 CEO가 되고자 합니다.
현재 블로그 주소		https://blog.naver.com/vjfvjwns
블로그 비전		Think Simple, Do everything.
블로그의 핵심 주제		창업경영과 마케팅
기간별 목표	1개월 (5.1~5.31)	– 평균 방문자 수 200명/1일 – 전문분야 포스팅 1회/1일 – 맛집 및 여행 10회 – 독서 2권 (콘텐츠의 정석, 잽잽잽 라이트훅)
	3개월 (~7.31)	– 평균 방문자 수 300명/1일 – 독서 5권 (창업계획, 네이버 상위노출의 모든 것)
	6개월 (~10.31)	– 평균 방문자 수 400명/1일 – 독서 10권
	9개월 (~1.31)	– 평균 방문자 수 500명/1일 – 독서 15권
	12개월 (~4.30)	– 평균 방문자 수 700명/1일 – 독서 총 20권
목표 구독층		창업&마케터를 꿈꾸는 사람들 (청년층 위주)
차별화 방법		이론만이 아니라 실제로 이론을 적용하여 창업을 하고 경영과 마케팅을 하면서 겪는 이야기를 풀어갈 예정입니다.
블로그 제목		심플스타트의 스타트업 창업경영&마케팅
블로그 별명		심플스타트
블로그 소개글		피트니스 업계의 CEO를 시작하여 여러 사업을 해보고 싶은 심플스타트입니다.
블로그 작성 계획		평일 오전 7시 주말 오전 10시 – 일상, 좋은 글귀, 다짐이나 목표 평일 오후 3시 주말 오후 5시 – 전문 분야 작성
기타 (각오 등)		내가 할 수 있는 가장 단순한 것에서부터 시작하여 실력 있는 CEO가 되겠습니다.

출처: 박미애 (2012). 블로그 마케팅 운영계획표.

4. 블로그 글쓰기 시작

블로그 운영계획표까지 작성했다면 이제 본격적으로 글쓰기를 해보자. 처음 블로그를 시작하는 단계에는 '오늘은 무슨 글을 쓸까?'를 고민하게 된다. 블로그를 시작한 사람이라면 모두 키보드에 손을 올려두고 모니터를 보면서 고민하다 시간만 흘려보낸 경험이 있을 것이다. 그만큼 블로그 글쓰기는 누구나 부담이 된다. 처음부터 전문성 있고 멋진 글을 쓰려고 욕심을 낼 필요는 없다. 일기처럼 본인이 겪은 일상을 에피소드로 작성하는 것부터 시작하는 것이 좋다. 부담 없는 내용으로 매일 꾸준히 글을 쓰다 보면 자연스럽게 습관이 들고 블로그 글쓰기가 익숙해진다.

필자도 처음에 글을 쓰면서 쌓인 흑역사의 글이 많다. 이것을 극복하기 위해 매일매일 포스팅을 했다. 시간이 지나면서 경험을 통해 블로그 글 잘 쓰는 법도 터득하게 되었다. 방문자를 하루아침에 만 명으로 늘리는 방법, 상위노출을 하는 방법, 연관검색어를 활용한 노출 방법 등 다양한 블로그 글쓰기 방법을 익혔다. 그러나 남이 읽어서 좋아할 만한 좋은 글을 인용한 글이나, 단순히 방문자만 늘리기 위한 글을 쓰다 보니 팥 없는 붕어빵 같은 느낌이 들었다. 실체가 없다 보니 블로그 주제나 방향성도 없게 되고, 블로그의 가치도 떨어지게 되었다. 이런저런 시행착오를 겪으면서 블로그 글쓰기의 세 가지 원칙이 생겼다.

1) 블로그 글쓰기의 규격을 만들어라

블로그 글은 잘 정리되고 정보를 제공해야 한다. 누군가에게 평가를 받아야 하는 논문은 아니지만, 내 생각이 잘 정리되어 이웃이나 검색해서 들어온 사람에게 유익한 정보를 제공하는 글이 되어야 한다. 블로그 글쓰기가 처음에 어려운 이유도 자신만의 블로그 글을 쓰는 규격이 없기 때문이다. 필자의 경우는 블로그 글쓰기의 소재가 있다면 에버노트에 틈틈이 기록해서 모아둔 후 서론, 본론, 결론으로, 조금 더 나아가 구체적인 내용을 쓸 때는 기승전결의 구조로 정리해둔다.

표 2-2 블로그 글쓰기 원고 사례

제목	카카오 플러스 친구를 해야 하는 3가지 이유
서론	전통적인 전화통화나 문자보다도 카카오톡 채팅이 더 편한 시대가 되어버렸으며 우리가 가장 오랜 시간 동안 보는 앱도 카카오톡 채팅창이다. 국민 메신저라 불리는 카카오톡을 기반으로 커뮤니케이션 수단을 완전히 장악하다 보니 그것을 바탕으로 할 수 있는 마케팅 채널로 등장한 것이 카카오톡 플러스친구이다. 카카오톡 플러스친구에는 다른 마케팅 채널에는 없는 3가지 장점이 있다.
본론	첫째, 고객관계관리에 최적화. 단방향 유입마케팅보다는 이제 쌍방향 네트워크로 마케팅이 진행되고 있으며 고객관리 차원에서 플러스친구가 가장 적합하다. 둘째, 높은 도달률과 반응률. 전 세대가 사용하고 있는 카카오톡 앱(익숙한 채팅앱 활용, 핸드폰에 이미 설치)은 내 고객에게 메시지를 보낼 수 있는 가장 효과적인 방법이다. 셋째, 정보 업데이트가 가능한 홈화면. 주목할 만한 기능으로 페이스북의 뉴스피드나 네이버의 포스트처럼 플러스친구 홈화면에 정보를 계속적으로 업데이트할 수 있게 한 것이다. 카카오톡 플러스친구를 시작하려면 제일 먼저 친구를 모아야 하며, 가장 대표적인 방법으로 아래 세 가지를 추천한다. 1. 방문하는 고객들과 친구 맺기 2. 도도포인트, 카포친 등으로 맺기 3. 온라인 채널에 URL을 노출시켜 맺기
결론	카카오톡 플러스 친구 성공 사례 경남 양산에서 4년째 땅땅치킨 프랜차이즈 치킨집을 운영하시는 정순희 대표님은 저녁만 되면 눈코 뜰 새 없이 바쁘다. 왜냐하면 매장 일도 매장 일이지만 카카오톡 플러스친구를 통해서 주문을 받고 판매를 병행하고 있기 때문이다.

〈표 2-2〉의 글은 실제로 블로그에 콘텐츠를 업로드하기 전에 에버노트에 초안을 작성해둔 사례이다. 블로그로 글을 옮긴 후에는 사진을 첨부하고 글을 다듬은 후 발행한다.

2) 나의 경험을 연결지어 쓰는 것이 좋다

블로그는 나의 생각을 담는 그릇이다. 그러므로 먼저 머릿속의 다양한 정보를 내 경험과 연결지어 글을 쓰는 습관을 들여야 나만의 콘텐츠가 된다. 블로그 운영을 통해 정보의 소비자로만 머물 것이 아니라 새로운 정보의 생산자가 되어야 한다.

> 정보의 소비를 통하여 자기 정체성을 만들어 낼 수는 없다.
> 인간의 정체성은 생산을 통해 형성된다.
>
> -담론 신영복 -

정보를 습득하기 위해 독서를 추천한다. 관심 있는 주제의 책을 읽다가 좋은 글귀는 따로 모아 내 고민이나 경험담을 연결지어 블로그 글쓰기를 하는 것이 가장 이상적인 블로그 글쓰기의 틀이다.

3) 처음에는 높임말보다는 반말로 써라

블로그를 이제 막 시작했다면 이런 고민을 한 번쯤은 해보았을 것이다. 반말로 쓸까? 높임말로 쓸까? 필자 또한 고민했던 부분이다. 처음 블로그를 시작하는 사람이라면 반말(평어체)로 작성하기를 추천한다. 높임말(경어체)로 쓰게 되면 누군가를 의식하고 글을 쓰게 되어 부담이 커진다. 하지만 반말로 쓰면 독백하듯이 편하게 글을 작성할 수 있다. 필자의 초기 글들을 보면 혼잣말하듯 작성한 것이 대부분이다. 하루아침에 성공한 사람은 없다. 글을 쓰는 것도 똑같다. 아주 단순하면서도 확실한 진리가 여기에 있다.

나는 글을 잘 쓰고 싶은 사람에게 자신 있게 이야기할 수 있다. 글을 잘 쓰고 싶다면 단 하나만 실천하면 된다. 그 비법은 글을 쓰는 데 시간을 투자하는 것이다. 글을 어떻게 써야 할지 모르는 사람은 의자에 엉덩이를 붙이고 시간을 투자해 글을 써라. 쓸 것이 없는 사람도 일단 글을 완성할 때까지 주야장천 끙끙거리며 시간을 투자하라. 그러다 보면 어느 순간 글이 써지고 완성되는 경험을 하게 된다. 시간을 투자하는 것만큼 확실하고도 분명하게 글 쓰는 방법은 없다.

처음부터 글을 잘 쓰는 사람은 없다. 누구나 처음에는 어색하고 두렵다. 그 어색함과 두려움은 계속 도전해야 없어진다. 그러므로 처음부터 완벽하게 작성하려는 생각보다는 계속 긴 호흡으로 지속하는 데 중점을 두어야 한다. 필자는 위에서 설명한 세 가지 원칙을 통해 지금까지 블로그 글쓰기를 이어가고 있다. 처음 블로그를 운영하는 사람이라면 나만의 글쓰기 원칙을 꼭 만들어 보도록 하자.

블로그 운영팁

블로그는 소통이 중요하다.

블로그 운영은 소통을 기반으로 한다. 블로그라도 운영자가 누구인지 명확치 않으면 고객은 쉽게 다가오지 못한다. 운영자가 누구인지, 어떤 캐릭터인지 방문자가 알기 쉽게 나타내 주는 것이 필요하다. 또한 블로그 운영 목적이 홍보일지라도 지나칠 정도로 자신의 상품과 서비스의 장점만 계속 이야기하면 방문자에게 거부감이 생길 수 있음을 명심하자.

5. 블로그 마케팅 성공 사례

부산의 온라인 마케팅 과정에서 강사와 수강생으로 만나게 된 화남정돼지국밥의 블로그는 이제 막 블로그를 운영하는 소상공인에게 좋은 롤모델이 될 대표적인 사례이다. 재개발로 인해 사람들이 떠나 죽어가는 상권이 된 부산진구 초읍 상권에서 지금은 손님들의 발길이 끊이지 않는 대박집으로 성장을 하였다.

음식점에서 각양각색의 사람을 상대하다 보면 지치기 마련이다. 하지만 인연이 없는 사람도 조금만 신경을 쓰면 좋은 인연이 되어 추후 어떤 영향을 미칠지 모른다. 부산 화남정돼지국밥 대표님은 이런 원리를 깨닫고 몸소 실천하였다.

그림 2-6 화남정돼지국밥 최근혜 대표의 블로그

출처: 화남정돼지국밥 블로그(https://blog.naver.com/yellowbery)

최근혜 대표는 고객과 직원에게 실행하던 섬김 비즈니스를 온라인에도 접목하였다. 시작한 지 얼마 안 된 블로그를 통해 고객과 적극적으로 소통해 매장의 방문객이 끊이지 않는다. 화남정돼지국밥만의 비결이 무엇인지 인터뷰해 보았다.

Q 화남정돼지국밥에 대해 간단히 소개 부탁드립니다.

화남정돼지국밥은 부산진구 초읍에서 부부가 함께 운영하는 작은 국밥집입니다. 남편인 김영배 대표가 부산에서 태어나 어린 시절부터 돼지국밥을 먹으며 성장했고, 또 본인이 가장 즐겨 먹는 음식이기에 음식점 창업을 고려할 때 당연히 본인이 좋아하는 메뉴(경영학에 대한 무지로 상권, 소비자에 대한 고려는 거의 못 했다고 한다.)로 결정했습니다. 2012년 12월 오픈하여 현재 7년째에 접어들고 있습니다.

개업 초기 매장 맞은편에는 부산진구의 대표 국밥 맛집이 있었습니다. 그 가게는 이미 예전부터 온라인 마케팅을 해왔습니다. 저희는 경쟁업체에 밀려 1년 만에 수천만 원의 적자를 보며 운영난을 겪었습니다. 그러나 저희는 경쟁업체의 치명적인 약점이었던 불친절, 열악한 환경, 위생상태 부분에서 경쟁우위에 있었습니다. 그것을 전략으로 자체적인 노력을 기울여 창업 2년 만에 경쟁사 매출액을 반 토막으로 만들었습니다. 그 이후 수차례 경쟁사 주인이 바뀌면서 창업 이후 1195일 만에 경쟁사가 업종을 전환하였습니다. 지금은 부산진구 초읍의 대표 국밥 맛집으로 자리매김하였습니다. 그리고 현재까지 초읍 지역민들의 사랑을 받고 있으며, 항상 감사한 마음으로 지역사회에 도움이 되자는 경영 방침을 실현하고 있습니다.

Q 블로그를 시작하게 된 계기가 궁금합니다.

네이버 계정은 메일용으로만 이용했고, 블로그는 미혼 때 여행이나 쇼핑 정보 저장용으로만 간간이 이용했습니다. 그마저도 결혼과 동시에 창업하느라 아이디를 잊어버리는 수준까지 방치돼 있었습니다. 그러다가 창업 후 매장 경영에 어려움을 느꼈고, 자기계발 관련 글을 찾아 읽었고, 쉽게 경영이론을 정리해 놓은 블로그 운영자 몇 분을 이웃 추가하면서(2018년부터입니다) 네이버 블로그에 드나들기 시작했습니다. 제 경영 블로그 이웃 1호가 김영갑 교수님이셨습니다. 그 후 2018년 10월, 부산 온라인 마케팅 2기 강의를 수강하게 되었고 강의 중에 블로그 이웃을 늘리는 게 가게 경영에 도움이 된다는 수업 내용 때문에 마지못해 숙제하는 기분으로 본격적으로 블로그를 시작하게 됐습니다.

Q 블로그를 운영하는 데 어려움은 없었나요?

저는 사생활을 대중에게 공개하는 것을 무척 싫어하는 사람입니다. 인간관계가 단조로운 사람인데 불특정다수의 사람에게 이웃을 신청하고, 매일 전체 공개로 글을 쓴다는 것이 참 부담스러웠습니다. 그리고 글을 쓸 때 마음을 담아 집중해서 쓰는 스타일인데 이웃의 수가 늘어나다 보니 시간에 쫓겨 답글을 쓸 때 성의 없이 보내거나, 요령 부려 댓글을 달게 될 때 참 마음이 편치 않았습니다.

블로그 초반에는 제가 국밥집을 운영하다 보니 너무 상업적이고 배타적으로 생각해 이웃들이 어떻게 생각할지 굉장히 조심스러웠습니다. 그러나 진정성 있는 글을 적다 보니 이웃은 늘어갔고, 시간이 지나면서 저 자신에 대한 신뢰와 용기가 생겨났습니다. 무엇보다 생각이 많이 넓어졌습니다.

아래의 문구는 제가 이웃신청을 할 때 썼던 내용입니다.

"안녕하세요? 저는 부산 초읍에서 남편과 작은 국밥집을 운영 중인 주부이자 외식업 운영자입니다. 매일 장사하며 손님들과 소통하는 생활이 참 의미 있고 즐겁지만, 손님은 친구임과 동시에 참으로 어려운 존재입니다. 가게를 벗어나 많은 친구를 사귀고 소통하고 성장하고 싶어 이웃신청합니다."

Q 블로그 마케팅에서 가장 중요하다고 생각하는 것은?

지나치게 이웃을 의식하지 않을 것, 블로그 평점이나 요령은 무시하고 일상의 글을 써나가는 것, 읽는 사람의 입장을 고려하여 지나치게 어렵거나 무겁거나 위화감을 조성하지 않는 것, 자랑하는 내용 등은 최대한 자제하는 것, 잔잔한 감동이나 웃음을 줄 수 있는 글 위주로 써 나가는 것이 가장 중요하다고 생각합니다. 요즘은 맛집 후기가 너무 많아 맛집 후기로는 어지간한 초보자가 경쟁력 있는 블로그를 만들기는 어려운 것 같습니다.

블로그 마케팅 수업을 함께 공부한 수강생들에게 매우 많은 요령을 들었습니다. 하지만 많은 요령을 다 적용하면 제 블로그는 기형적이고 마치 알파고가 운영하는 블로그가 될 것 같았습니다. 제 블로그 운영법은 간단합니다. 일기를 쓰는 마음으로, 매장에서 일어났던 기쁘고 슬펐던 일, 제 소소한 일상을 기록하는 글을 쓰니 오히려 부담도 없고 꾸준히 할 수 있었습니다.

Q 블로그를 하기 전과 후를 비교해서 달라진 점이 있다면?

저는 블로그를 시작하며 맺은 이웃들과 상생 관계로 윈윈 중입니다. 많은 이웃님이 소문에 소문으로 가게를 찾아오시고 매장에 도움뿐만 아니라 이웃끼리 서로 도움이 되기도 하였습니다. 운전 연수하시는 이웃에게 제 연수 상담도 했고, 인테리어하시는 분에게 가게 리모델링 보수 의뢰도 하고, 부동산 관련 종사자분에게는 사무실을 알아보는 데 많은 도움을 받았습니다. 제주도에서 펜션을 하시는 분은 휴가 때 찾아가 만나볼 생각이고 장사를 하시는 분과는 서로의 거래처도 공유했습니다. 정말 다양한 직군에 종사하는 많은 이웃이 생겨 뿌듯하고, 유사시 의뢰할 수 있는 거래처가 생겨 매우 만족합니다.

Q 블로그 마케팅을 시작하는 분들에게 전하고 싶은 말이 있다면?

진정한 홍보는 내 삶의 변화이지 매장의 매출이나 정보가 아니라고 생각합니다. 이웃들은 내 글을 읽고 궁금해지고 호감을 느껴 자연스레 매장을 찾아왔습니다. 그리고 다른 고객에게도 소개해 주셨습니다. 저는 한 번도 제 매장 정보를 노골적으로 홍보해 본 적이 없습니다. 노골적인 홍보가 가장 나쁩니다. 마음을 느긋하게 가지고 매장과 아무런 상관없는 글이지만 꾸준히 블로그를 쓰면서 이웃을 늘려가되 무조건 숫자만 늘리지 마시고 반드시 이웃의 블로그를 방문하십시오. 이웃 블로그의 글을 잘 읽어본 마음을 토대로 긴 글을 한 번이라도 남기는 게 중요합니다. 그렇게 했던 이웃은 반드시 내게 호감을 느끼고 저의 꾸준한 팬이 돼 주더군요.

정리하기

01 이제 입문하는 블로거라면 왜 블로그를 시작해야 하는지에 대한 명확한 목표가 필요하다. 블로그는 시작하기도 힘들뿐더러 계속 지속하기는 더욱 더 힘들기 때문이다.

02 블로그는 대중적인 정보제공의 플랫폼으로 자리를 잡았으며 글의 힘은 강하다. 구매설득의 마지막 단계는 결국 글이다. 여러 채널로 재주를 부려도 마지막은 글로 세일즈를 해야 한다.

03 블로그에는 많은 광고성 글들이 실려 있지만 소비자는 그것을 알면서도 정보 취득의 채널로 활용하고 있다. 다양한 경로로 정보를 취득하고 있지만 그 중 블로그가 가장 객관적인 정보라고 생각한다.

04 블로그는 잠재고객들과 관계를 맺고 소통하는 1인 미디어 도구이다. 그러므로 상위노출에만 집착해서는 안 되며 잠재고객인 이웃을 만들고 소통하는 것에 주력해야 한다.

05 블로그를 운영함으로써 얻을 수 있는 5가지 장점이 있다. 퍼스널 브랜딩, PR, 출판의 기회, 자기계발, 다양한 경험의 리뷰, 이를 통해 새로운 기회를 얻을 수 있다.

06 블로그를 시작하기에 앞서 가장 먼저 해야 할 일은 경쟁사나 같은 주제의 블로그를 벤치마킹하는 것이다. 잘나가는 블로그는 어떻게 블로그를 구성했고 글 발행 횟수와 콘텐츠를 표현하는 방식은 어떠한지 벤치마킹해 볼 필요가 있다.

07 블로그의 유형은 1인 미디어로써 개인의 일상과 전문주제를 작성하는 개인 블로그, 회사와 고객의 소통을 위해 공식적으로 운영하는 브랜드 블로그, 구매 경험 후기를 전달해 주는 체험단 블로그로 구분할 수 있다.

08 차별화된 블로그가 되도록 늘 주제에 대한 고민을 해야 한다. 벤치마킹을 한 자료를 바탕으로 1년간의 블로그 운영계획표를 작성해 보자.

09 블로그 글쓰기에도 규격이 필요하다. 서론, 본론, 결론이나 기승전결의 구조를 선택하여 나만의 블로그 템플릿을 완성해 보도록 하자.

10 블로그는 단순히 남의 글을 베끼는 수준에 머무는 것이 아니라 나의 경험을 연결지어 쓰는 것이 좋다.

연습문제

01 블로그를 작성하면 얻을 수 있는 성과를 정리하여 보자.

02 경쟁사나 나와 비슷한 주제의 블로그를 벤치마킹해 보자.

03 블로그 카테고리를 작성하고, 어떤 내용을 담을 것인지 고민해 보자.

04 벤치마킹을 한 자료를 바탕으로 1년간의 블로그 운영계획표를 작성해 보자.

Chapter 03
소상공인을 위한 블로그 마케팅 실전

CONTENTS ▶▶▶

CHAPTER 03

소상공인을 위한 블로그 마케팅 실천

▶▶▶ **학습목표**

- 네이버 검색 알고리즘을 설명할 수 있다.
- 블로그 글쓰기 최적화 방법을 설명할 수 있다.
- 구매로 연결되는 키워드 발굴 방법을 설명할 수 있다.
- 블로그체험단 모집 방법을 설명할 수 있다.
- 네이버 톡톡으로 블로그 방문자와 소통하는 법을 설명할 수 있다.
- 블로그 글을 SNS와 연동하여 콘텐츠를 노출시키는 방법을 설명할 수 있다.

1. 네이버 검색 알고리즘 이해하기

네이버 블로그를 시작하면서 먼저 알아두어야 할 개념이 검색 알고리즘이다. 네이버는 검색로봇을 통해 모든 문서의 내용을 검토한 후 좋은 문서와 나쁜 문서로 판단한다. 이를 평가하기 위한 문서의 표본이 바로 검색 알고리즘이다. 네이버 블로그는 16년(2019년 기준)의 역사를 가진 만큼 블로그 검색 노출 알고리즘의 역사도 빼놓을 수 없다. 인터넷이 본격적으로 보급되기 시작한 2000년대 중후반 이후, 소비자들이 구매를 결정하는 데 블로거들의 후기가 영향을 미치게 되면서 블로그에 마케팅이 가미되기 시작했다. 상위노출 포스팅 하나로 매장의 매출이 좌지우지되기도 하였다. 소상공인들은 블로그를 운영하며 손님들을 유치하고 싶었지만 블로그를 운영할 시간이 넉넉지 않았다. 이에 맞춰 이들의 니즈를 해소해준 것이 블로그 마케팅 대행사들이다. 소상공인들은 글을 쓸 시간에 손님을 맞을 수 있었고 대행사는 컨설팅 비용을 받고 블로그 콘텐츠를 대량으로 발행해 줬으니 서로간의 이해관계가 맞아떨어진 것이다. 이로 인해 블로그 영역은 마케팅 공간으로 변질되었고 네이버 로직을 응용하여 검색영역을 도배해 버렸다. 이때부터 마케터와 네이버 간의 긴 싸움이 시작되었다. 2010년부터 블로그로 돈 버는 사람들이 생기자 네이버는 검색 노출 알고리즘을 바꾸기 시작했고 마케터들은 이것을 뚫기 위해 많은 노력을 기울이기 시작했다.

1) 리브라 알고리즘의 시작

2012년 네이버는 광고 블로그들의 글을 걸러내기 위해 '리브라'라고 명명한 네이버의 검색 기준을 발표했다. 이 기준에 따라 블로그를 써야 네이버에서 블로그 검색 노출과 지수 등을 높여준다는 것이었다. 이때 리브라 알고리즘 키워드가 제일 먼저 적용된 대상은 사람들이 가장 만족하지 못하는 콘텐츠인 '맛집'과 '펜션'이었다. 네이버는 광고하는 블로그들의 패턴을 찾아내서 필터링을 했다. 막는 네이버와 뚫는 마케터 간의 계속되는 싸움 속에 1년 후 한 번 더 보완된 알고리즘이 나온 것이 일명 '소나'이다. 소나는 어선에서 물고기를 탐지할 때 사용하는 어군탐지기로 이름이 알려졌는데, 이것도 복사, 붙여넣기나 여러 가지 어뷰징을 하는 작업들을 탐지하는 기능이라고 한다. 하지만 이것도 마케터들에겐 연구 대상일 뿐 네이버 기술진들을 비웃듯 어군탐지기 소나를 뚫었다.

2) 2015년 11월 발표한 C-Rank 알고리즘

네이버는 리브라와 소나 알고리즘으로 광고글들을 걸러내려고 했지만 결국 막아내지 못했다. 마케팅 대행사들은 대량으로 블로그를 만들어냈고 최적화 블로그를 만들어 프로그램과 함께 대량으로 업로드하고 상위 노출 조작을 하게 되었다. 1인 미디어로써 양질의 콘텐츠를 발행하길 기대했던 것과 달리 계속 문제가 되니 네이버는 공장형 블로그들을 막고 최적화라는 개념을 없앤 C-Rank 알고리즘을 발표한다. 블로그 주제의 이탈을 막기 위한 장치로 이제 옛날처럼 여러 가지 주제의 글들을 발행하는 블로그는 어뷰징을 시도하는 블로그로 판단하고 검색 노출 랭킹에서 후순위로 밀겠다는 의도였다.

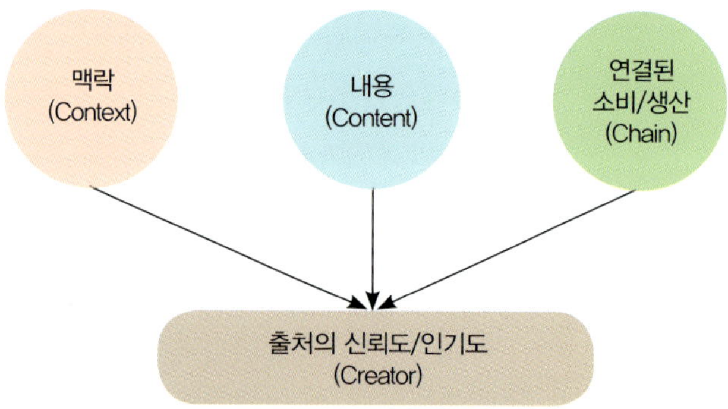

그림 3-1 C-Rank 알고리즘 모형

출처: NAVER Search&Tech (https://blog.naver.com/naver_search/220774795442)

3) 전문주제의 글을 꾸준히 쓴 블로그 우대

C-Rank 알고리즘이 리브라 알고리즘과 비교해 달라진 점은 다양한 분야의 글이 아니라, 한 가지 주제에 얼마만큼 집중해서 글을 썼느냐에 따라 노출 랭킹을 결정한다는 것이다. C-Rank가 가장 강조하는 것은 믿을 수 있는 정보가 우선 노출하는 것으로 블로그의 주제와 운영경력을 기준으로 잡았다. 예를 들어 내 블로그가 맛집 관련 글을 주로 썼다면 맛집 키워드에서, 여행 관련 글을 주로 썼다면 여행 키워드에서, 마케팅에 관련된 주제로 꾸준히 콘텐츠를 올렸다면 맛집이나 일상 글을 올렸던 블로그보다 마케팅 관련 글이 우선순위로 노출될 확률이 높다. 특히 블로그 전체에서 생산된 문서의 주제별 분포도 중 특정 주제에 대한 집중도가 어느 정도인지를 계산하기 때문에 다양한 일상 주제에 대한 콘텐츠보다는 특정 주제에 대한 자신만의 포스트가 늘어날수록 검색 결과에서 더욱 잘 노출될 수 있다.

그림 3-2 네이버 카테고리 분류 기준

4) 현재 C-Rank 알고리즘에서 참고하는 데이터

블로그 검색 랭킹 결정을 위해 어떤 방식과 기준으로 접근하고 있는지에 대한 참고 자료로 현재 C-Rank가 참고하는 데이터는 다음과 같다.

표 3-1 현재 블로그 C-Rank 알고리즘에서 참고하는 데이터

항목	설명
블로그 컬렉션	블로그 문서의 제목 및 본문, 이미지, 링크 등 문서를 구성하는 기본 정보를 참고해 문서의 기본 품질을 계산
네이버 DB	인물 영화 정보 등 네이버에서 보유한 관련 콘텐츠 DB를 연동해 출처 및 문서의 신뢰도를 계산
검색 로그	네이버 검색 이용자의 검색 로그 데이터를 이용해 문서 및 문서 출처의 인기도를 계산
체인 점수	웹문서, 사이트, 뉴스 등 다른 출처에서의 관심 정도를 이용해 신뢰도와 인기도를 계산
블로그 활동	블로그 서비스에서의 활동 지표를 참고해 얼마나 활발하게 활동하는 블로그인지를 계산
블로그 Editor 주제점수	딥러닝 기술을 이용해 문서의 주제를 분류하고 그 주제에 얼마나 집중하고 있는지 계산
공식블로그	네이버 블로그에서 선정한 공식 블로그인지 여부를 반영

출처: NAVER Search&Tech (https://blog.naver.com/naver_search/220774795442)

이러한 데이터를 이용해서 어떤 블로그가 어떤 주제에 집중하고, 얼마나 검색 이용자에게 인기 있는 블로그인지 계산하고 있다. C-Rank 알고리즘은 특정 분야에 집중해서 전문적인 내용을 포스팅하는 블로그가 그렇지 않은 블로그에 비해 검색 이용자들로부터 선호된다는 통계에 근거하고 있다. 2015년 11월부터 적용된 C-Rank는 최근 몇 년간 계속

유지되면서 진화되어 왔다. 하지만 문서의 질보다도 주제의 집중도만을 기준으로 평가하였기에 정보성이 부족함에도 불구하고 상위 영역을 장악하게 되는 문제점이 있었다.

5) C-Rank 알고리즘의 문제점을 보완한 다이아 로직

C-Rank는 글의 전문성도 중요하지만 동일한 주제의 글을 꾸준하게 올린 블로그를 우대하는 로직이다. 하지만 문제가 생겼다. 꾸준하게 운영해온 블로그는 우대를 받았지만 새로 시작하는 블로그는 좋은 글을 쓰고도 제대로 노출될 수 있는 날을 기약 없이 기다려야 했기 때문이다. 예전처럼 한 달 동안 꾸준히 글을 쓰면 최적화가 된다는 기준도 없고 몇 달 혹은 몇 년이 걸릴지 알 수 없었다. 온라인 마케팅을 목적으로 블로그를 시작하려는 사람들은 이런 불확실한 상황 속에 계속 시간을 투자할 수 없었다. 이러한 C-Rank의 문제점을 보완한 것이 2018년 발표된 다이아 로직이다.

다이아(Deep Intent Analysis: D.I.A.) 로직이란? 글이 담고 있는 내용을 분석해서 어떤 정보, 경험, 의견을 담고 있는지 문서를 이해하려는 기계적 학습이다. 이전에는 C-Rank 점수가 높아야만 상위노출이 가능했으나 C-Rank 점수가 높지 않더라도 문서의 질이 좋으면 우선순위로 노출시켜 주겠다는 것이다.

D.I.A. 로직을 만족시키는 글은 두 가지다. 첫째 전문적이고 독창적인 글, 둘째 직접 경험하고 체험한 글이다. 이것이 꾸준히 지속되면 C-Rank 블로그가 될 수 있다. 이로 인해 그동안 문서의 집중도만 봤던 C-Rank의 문제점을 보완하는 계기가 되었다.

블로그 운영팁 차별화된 블로그 콘텐츠가 중요

블로그를 운영할 때, 꼭 1일 1포스팅을 해야 한다는 신념으로 의무적으로 일상적인 글을 쓰는 것보다는 전문성을 살린 글이 검색 노출과 블로그 지수를 올리는 데 도움이 된다. 블로그 검색 결과에서도 전문성이 있는 글을 계속 우대할 것이기 때문이다.

2. 최적화된 블로그 글쓰기 방법

인스타그램이나 페이스북에 사진이나 동영상을 올리는 것과 다르게 네이버 블로그는 많은 이들이 운영에 어려움을 느끼고 있다. 그만큼 네이버 블로그는 바이럴 마케팅 영역(블로그, 카페, 지식iN) 중에서도 가장 경쟁이 치열한 분야이기 때문이다. 음식점의 경우 블로그 상위노출 여부에 따라 매출이 결정되기도 하기 때문에 블로그 검색 노출 결과는 매우 중요한 부분이다.

음식점 마케팅에서 블로그 노출의 중요성이 알려지면서, 광고대행사를 통한 상업적인 글이 많이 노출되었다. 반면 네이버는 정보 검색자에게 신뢰할 수 없는 상업성 콘텐츠를 차단하기 위해 그동안 검색 노출 로직을 주기적으로 바꾸었다. 일반적으로 최적화 블로그가 아닌 이상 인기 키워드는 상위노출이 어렵다. 과거에는 최적화 블로그를 만드는 공식이 있어서 블로그를 성장시키기 쉬웠지만 C-Rank 알고리즘이 발표된 이후부터는 최적화 블로그가 나오지 않고 있다. 네이버 블로그에는 '네이버 검색 알고리즘 이해하기'에서 설명한 것과 같이 문서의 좋고 나

뿜을 판단하는 품질지수가 있다. 블로그의 지수를 올리는 방법은 C-Rank와 D.I.A. 알고리즘을 만족시키는 글을 꾸준히 발행하면 된다.

하지만 블로그 지수가 높아지기 전에는 검색영역에서의 노출이 쉽지 않기 때문에 다음 두 가지 방법으로 진행해야 한다. 첫 번째는 블로그 조회 수가 적고 경쟁이 덜 치열한 세부 키워드로 꾸준히 포스팅을 하여 노출을 시키고, 두 번째는 내 목표 고객이 될 블로그와 소통하며 서로 이웃 수를 늘려가는 것이다. 매일 글을 쓰면서 이웃들에게 먼저 공감과 댓글을 달아주고 소통한다면 이웃들도 마찬가지로 내 블로그에 방문해 포스팅에 공감과 댓글을 달며 소통하게 될 것이다.

1) 어떤 글을 써야 할까?

먼저 블로그를 운영하는 목적을 생각해 보자. 단순히 일상을 공유하는 것이 아니라면 우리가 블로그를 운영하는 목적은 마케팅이다. 마케팅의 목적은 고객이 인식하는 가치를 높이는 것이다. 이것은 일상 블로그와 마케팅 블로그와의 가장 결정적인 차이점이다. 그래서 블로그 글을 쓸 때는 언제나 이 질문을 염두에 두어야 한다. 내가 지금 쓰는 글이 정보로서 가치가 있을까? 이처럼 가치 있는 콘텐츠를 지속해서 생산하려면 블로그에 올릴 콘텐츠를 기획하고 소재를 발굴하는 작업이 필요하다. 블로그를 운영하겠다고 야심차게 첫 포스팅을 시작하지만, 중도에 포기하는 이유는 콘텐츠를 기획하고 소재를 발굴하기기 힘들기 때문이다.

블로그 콘텐츠를 기획하려면 우선 명확한 타깃고객이 있어야 한다. 우선 네이버 스마트플레이스의 데이터랩 자료나 분석을 통해 알게 된 우리 매장의 주 고객층을 블로그의 목표 구독자로 정해 보자. 블로그 통계시스템의 유입현황을 통해서도 블로그 방문자들의 성별과 연령대를 분석하여 이에 맞춘 대화법과 톤앤매너가 필요하다. 이를테면 30~40대 구독자들이 많은데 본문에는 20대가 주로 쓰는 언어나 줄임말들을 사용하면 말투와 주제가 일치하지 않을 수 있다.

분석을 통해 타깃고객이 정해졌다면 선택과 집중을 통해 보다 쉽게 차별화될 수 있고 공감될 수 있는 글을 쓸 수 있다. 또한 목표 구독자 층이 주로 읽는 대중서적이나 뉴스기사 등을 잘 읽고 요약하여 블로그 글쓰기 콘텐츠로 활용하는 것도 하나의 방법이다.

2) 고객과의 에피소드 또는 흡족한 대화 내용을 후기로 활용

블로그 방문자에게 어필하기 위한 가장 좋은 소재는 후기이다. 판매자가 자사의 상품에 대해 자랑 일색의 글을 쓰면 고객의 신뢰를 얻기 어렵다. 반면 같은 고민을 하는 고객이 상품을 이용한 후 솔직하게 쓴 후기 글은 고객의 신뢰를 얻을 만하다. 고객과 나눈 카카오톡 대화 글이나 포스트잇 후기 글을 담아서 블로그 소재로 활용하면 고객의 신뢰가 높아져 매장 방문을 결정하게 된다.

검색 이용자들이 블로그 글을 검색하는 이유도 이용자들의 후기 글을 살펴 구매 실패를 방지하기 위함이다. 소비자들은 SNS나 홈페이지를 통해 내 상품을 알게 된다. 이후 블로그 후기를 통해 구매 불안을 해소한다. 그러므로 실제 이용자가 제공한 진정성 있는 블로그 글은 소비자의 구매 불안을 해소하는 데 매우 큰 역할을 한다.

3) 블로그 제목 쓰는 방법

블로그에서 제목은 이 문서가 어떤 주제를 가지고 있는지 알려주는 것으로 책 제목과도 같은 핵심요소이다. 제목은 블로그 내용을 짐작하게 하는 첫인상이자 품질을 결정하는 주요 요소이다. 즉, 제목은 문서를 선택하는 기준이 된다. 결국 좋은 제목이란 이용자의 검색 의도를 이해하고 콘텐츠를 명확하고 간결하게 정리한 제목이다. 제목에서 호기심을 자극하지 못하면 아무리 좋은 글을 써도 사람들이 클릭하지 않는다. 즉, '제목으로 유인하고 글 내용으로 구매를 결정짓게 해야 한다.'

네이버 검색엔진을 통해서 고객이 들어오게 하거나 SNS에 공유를 하여 내 블로그로 찾아오도록 해야 하는데 글의 제목과 대표 이미지 말고는 내 블로그의 글이 어떤 글인지 어필할 수 없다. 때문에 흥미롭고 매력적인 제목을 짓는 것이 중요하다. 마지막으로 블로그 제목에서 제일 중요한 것은 바로 제목에 포함되는 키워드이다. 제목을 설정할 때 내가 생각하는 키워드를 넣는 것이 아니라, 고객이 검색하는 검증된 키워드를 찾아 작성해야 한다. 검증된 키워드는 '네이버 검색 광고시스템' 키워드 도구를 통해서 추출할 수 있다.

검증된 키워드를 찾았다면 블로그 제목에 1~3개의 키워드를 조합해 사용할 수 있다. 한 개의 키워드만 사용하는 것보다는 1포스팅 2키워드 노출의 효과를 볼 수 있기 때문이다. 실제로 마케터들이 사용하는 방법의 예를 들면, 상암동에 위치한 한성식 전문점에 다녀온 후 방문 후기를 작성할 때 다음과 같이 키워드를 조합한다.

메인 키워드(검색량이 높은 것)+상암동맛집,

서브 키워드(메인 키워드보다 검색량이 적은 것)+상호명(음식점 이름)

• 블로그 제목으로 적절한 예: 상암동맛집 추천 한정식 전문 덕승재 방문후기
• 블로그 제목으로 적절하지 않은 예: 상암동맛집/상암동맛집추천/상암동 한정식 덕승재 방문후기

위 예시에서 블로그 제목으로 적절하지 않은 예처럼 단순히 키워드를 나열하게 되면 광고성 글로 판단되어 검색노출에서 누락될 가능성이 크다. 때문에 중복되는 키워드들은 과감하게 삭제하고 제목을 작성해야 한다. 블로그 제목으로 적절한 예에서 보는 것과 같이 상암동맛집(메인 키워드) 추천(서브 키워드), 한정식(서브 키워드), 덕승재(상호명) 순서로 작성하는 것이 좋다. 글 하나에 모든 키워드를 담으려는 욕심에 단순히 키워드를 나열하게 되면 스팸문서로 판단될 가능성이 크고 노출이 되어도 검색이용자가 클릭하지 않을 가능성이 높다. 중복되는 키워드들은 생략하여 최대한 자연스럽게 써주는 것이 좋고, 추가적으로 최신 유행하는 말투를 같이 써주는 것도 좋은 방법이다.

4) 블로그 포스팅 순위를 항상 모니터링할 것

블로그 운영 초기단계를 지나 글쓰기가 익숙해졌다면 확인해야 할 것은 포스팅한 글의 노출 순위이다. 꾸준히 블로그를 운영하면 글쓰기 수준과 블로그 지수가 올라갈 것이다. 이때 확인해 볼 것이 자신이 쓴 글을 검색했을 때 제목에 작성한 주요 키워드의 글이 상위에 노출되고 있는지, 블로그 주제가 잡히기 전 어떤 키워드에 노출이 잘 되고 있는지 확인하는 것이다. 내 블로그 지수를 추정하는 이유는 키워드를 어떻게 더 전략적으로 활용할 수 있는지 알기 위해서이다. 블로그의 포스팅 순

위를 확인하는 방법은 다양한 애플리케이션을 활용하는 것이다. 필자의 경우 블로그 모니터라는 앱을 사용하여 키워드를 등록해 내가 포스팅한 글의 순위를 키워드별로 확인하고 전략적으로 글의 노출 여부를 조절하고 있다.

5) 포스팅 본문 작성방법

블로그 본문은 제목 다음으로 중요한 요소이다. 또한, 검색 순위를 결정짓는 로직이 반영되는 부분이다. 네이버가 양질의 문서, 유용한 글로 판단하도록 상위노출 패턴을 고려해야 한다. 혹자는 네이버의 가장 최신 다이아 로직의 경우, 사진 최소 30장, 동영상 1개, 글자 수 3,000자 이상이라고 이야기하지만 꼭 그렇지는 않다. 키워드마다 주어지는 조건이 다르고 절대 기준치도 아니기 때문이다. 단 블로그 운영 초기단계에서는 노출이 안 되더라도 좋은 글로 판단될 수 있는 원리들을 이해하여 콘텐츠를 지속해서 발행하고, 적용해야 시행착오를 줄일 수 있다.

검색엔진의 기본은 이용자가 검색한 키워드에 가장 적합한 콘텐츠를 찾아서 보여주는 것이다. 블로그가 그동안 수없이 로직을 변화시켜 왔음에도 지금까지 변하지 않는 로직이다. 예를 들어 블로그 제목에서 교대역 맛집이라고 선언을 했으면 본문과 태그에도 교대역 맛집이라는 키워드가 삽입되어 있어야 한다. 제목과 본문, 태그에 삽입된 일치된 키워드를 보고 검색엔신은 글의 징확도가 높디고 판단하어 노출 순위를 결정하게 된다.

그 때문에 블로그 게시글의 제목과 본문, 태그에도 키워드를 반드시 넣어 주어야 한다. 본문에 삽입할 키워드는 2~5개 정도를 자연스럽게 삽입시키고, 태그에는 핵심 키워드와 연관 키워드를 삽입시켜 준다.

블로그 운영팁

네이버 블로그 상위노출을 위한 조건

네이버에서는 다음과 같은 문서들이 검색결과에 잘 노출되게 하려고 노력하고 있다.

– 신뢰할 수 있는 정보를 기반으로 작성한 문서
– 물품이나 장소 등에 대해 본인이 직접 경험하여 작성한 후기 문서
– 다른 문서를 복사하거나 짜깁기하지 않고 독자적인 정보로서의 가치를 가진 문서
– 해당 주제에 대해 도움이 될 만한 충분한 길이의 정보와 분석내용을 포함한 문서
– 읽는 사람이 북마크하고 싶고 친구에서 공유/추천하고 싶은 문서
– 네이버 랭킹 로직을 생각하며 작성한 것이 아닌 읽는 사람을 생각하며 작성한 문서
– 글을 읽는 사용자가 쉽게 읽고 이해할 수 있게 작성한 문서

출처: NAVER Search&Tech (https://blog.naver.com/naver_search/220774795442)

3. 구매로 연결되는 키워드 발굴하기

블로그 마케팅의 핵심은 정확한 키워드 발굴과 구매전환을 일으키는 내용의 글쓰기이다. 경영자는 자신의 비즈니스와 연관된 키워드를 이해하고 키워드를 분석할 줄 알아야 한다. 블로그 마케팅의 핵심은 자신의 비즈니스 키워드가 포함된 글을 네이버 검색영역에 노출시켜 검색 이용자에게 정보 제공 및 소통을 통해 '좋아요, 댓글, 이웃맺기, 전화, 예약, 방문' 등의 전환을 이끌어 내는 것이다. 먼저 키워드의 개념과 키워드를 분류하면서 실마리를 풀어나가야 한다. 키워드란 고객의 정보 해소 욕구가 담긴 단어이다. 블로그 마케팅을 하려면 노출하고자 하는 키워드가 반드시 제목에 포함되어야 검색에 노출된다.

블로그 글쓰기는 내가 알리고자 하는 제품의 정보를 키워드와 함께 작성하여 세팅해 놓으면 고객이 정보를 찾다가 내 그물망에 걸리는 원리이다. 정보를 취득하려고 검색을 할 때 긴 문장으로 검색을 하지는 않는다. 예를 들어 데이트를 목적으로 교대역에 있는 괜찮은 식당을 찾으려고 할 때 '교대역에서 데이트를 하려고 하는데 어디가 괜찮나요?'와 같이 검색하지 않고 '교대역 데이트코스', '교대역 맛집' 등으로 검색을 한다. 키워드는 검색자의 요구가 내포된 단어로 검색을 했을 때 고객과 만나게 되는 열쇠가 된다. 결국 블로그 마케팅은 고객이 나의 제품과 서비스를 잘 찾을 수 있도록 고객과 연결하는 키워드 발굴이 중요하다.

1) 대표 키워드와 세부 키워드의 개념

블로그 마케팅을 시작할 때 대표 키워드와 세부 키워드의 개념을 이해할 필요가 있다. 소비자의 니즈는 키워드로 표현된다. 대표 키워드를 중심으로 그와 연관된 세부 키워드를 발굴해서 콘텐츠의 노출로 이어져야 한다. 예를 들어 조회 수가 높은 '교대역 맛집'을 대표 키워드라고 한다면 조회 수가 상대적으로 낮은 세부 키워드일수록 고객의 욕구가 반영된 롱테일 키워드이며 구매전환율을 높일 수 있다. 조회수가 높은 대표 키워드의 경우 검색량은 높지만 그만큼 경쟁도 치열하기 때문에 노출 결과에서 금방 뒤로 밀려날 가능성이 크다. 그 때문에 경영자 입장에서 자신의 비즈니스를 가장 잘 대변해줄 수 있는 대표 키워드를 찾는 것도 중요하지만 전환율이 높은 세부 키워드를 발굴하는 키워드 전략을 세우는 것도 필요하다.

표 3-2 교대역에 위치한 냉면전문점의 대표 키워드와 세부 키워드의 예시

대표 키워드	PC	모바일	세부 키워드	PC	모바일
교대역맛집	9,050	26,400	교대역냉면	350	1,550
교대맛집	6,190	26,200	교대냉면	170	1,050
			서초냉면	160	960
			서초동냉면	110	740
			서초역냉면	150	740
			교대평양냉면	60	250

음식점의 대표 키워드는 보통 '지역+맛집'으로 표현되며 검색량도 제일 높고 경쟁도 치열하다. 대표 키워드는 상위노출이 어려울 뿐더러 광고 대행사에 상위노출을 의뢰할 때의 비용도 가장 높은 편이다. 〈표 3-2〉에서 보는 것과 같이 교대역에서 냉면 전문점을 운영하고 있다면 1차 상권 범위를 교대역으로 잡고 '교대역 맛집'의 대표 키워드와 업종이나 메뉴를 추가하여 '교대역 냉면, 교대 냉면, 서초 냉면, 서초동 냉면, 서초역 냉면, 교대 평양냉면'으로 세부 키워드를 활용할 수 있다. 세부 키워드는 대표 키워드보다 비교적 경쟁이 치열하지 않고 콘텐츠가 계속 상위에 노출될 수 있기 때문에 많은 광고비를 사용하기 힘든 소규모 사업자가 블로그 마케팅으로 경쟁력을 가질 수 있는 가장 적절한 방법이다.

2) 세부 키워드를 찾는 방법 4가지

고객의 구매욕구가 드러나는 세부 키워드를 찾는 방법은 여러 가지이다. 그 중에서 블로그 마케팅 강의나 마케팅 대행사에서 키워드를 발굴할 때 사용하는 몇 가지 방법을 소개한다.

(1) 자동완성어 체크하기

자동완성어는 네이버 검색창에 특정 단어를 검색했을 때 이와 관련된 검색어를 제공하는 기능을 말한다. 네이버 검색엔진의 사용은 무료이기 때문에 검색 이용자에게 연관된 키워드를 제시하여 불필요한 트래픽을 줄이기 위함이다. 이처럼 자동완성어는 이용자가 찾아보려는 내용을 검색어로 최대한 잘 표현할 수 있도록 도와주는 역할을 한다. 검색어를 강조해 주기 위해 이용자가 입력한 검색어와 정확한 부분에 색깔(하이라이팅)을 표시하고 있으며, 사용자가 의도한 검색어 일부만 검색해도 입력한 문자가 포함된 다양한 자동완성어를 추천하고 있다.

그림 3-3 교대억을 검색했을 때 연관된 자동완성어를 보여주는 시례
출처: 네이버 검색

(2) 연관검색어 체크하기

연관검색어는 검색 사용자의 검색 의도를 파악하고 적합한 검색어를 제공하여 이용자가 더욱 편리하게 정보 탐색을 할 수 있도록 지원하는 서비스이다. 이용자의 검색 추이와 검색 이용 행태, 연관도 등을 시스템이 자동으로 분석하여 제공하는 서비스로, 노출되는 검색어가 수시로 변할 수 있다. 그동안 연관검색어 영역도 마케팅 대행사들의 어뷰징으로 인해 변질된 측면이 있으나, 현재는 맛집 키워드의 경우 업체 상호명이 연관검색어 영역에 노출되지 않도록 막아서 어뷰징이 없는 순수한 연관검색어 영역을 볼 수 있다.

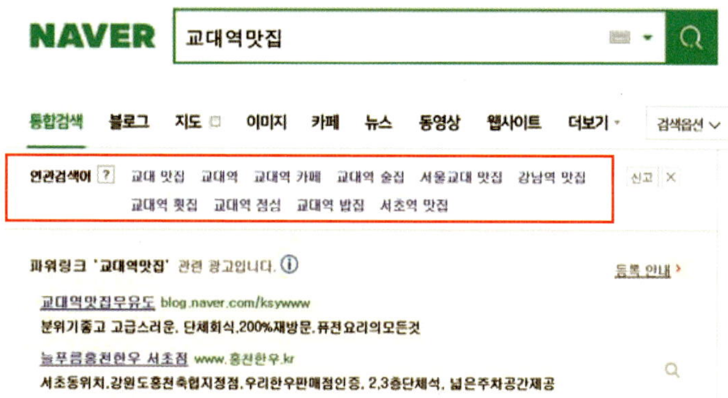

그림 3-4 교대역 맛집을 검색했을 때 노출되는 연관검색어 사례

출처: 네이버 검색

〈그림 3-4〉의 연관검색어에서 보는 것과 같이 교대역 맛집을 검색했을 때 하단에 나오는 교대역 카페, 교대역 술집, 교대역 횟집, 교대역 점심, 교대역 밥집이 지역+업종(메뉴) 형식으로 드러나 있기 때문에 세부 키워드라고 볼 수 있다.

(3) 경쟁사의 블로그 제목 참고하기

〈그림 3-5〉은 블로그 영역에 경쟁사의 상호명을 검색해서 나타나는 블로그의 제목에서 사용하는 키워드를 확인 후, 세부 키워드를 발굴하는 사례이다.

그림 3-5 경쟁사 상호명을 검색해서 키워드를 발굴하는 사례

(4) 네이버 검색광고 센터에서 키워드 추출하기

네이버 검색광고 사이트에 회원가입 후, 키워드 도구를 사용하면 연관 키워드 추천과 최근 30일간의 키워드 검색량을 확인할 수 있다.

그림 3-6 네이버 검색광고 – 키워드 도구를 활용한 세부 키워드 발굴 사례

출처: 네이버 검색광고(https://searchad.naver.com)

네이버 검색광고(https://searchad.naver.com) 사이트에 회원가입을 먼저 해야 하며 키워드 도구만 사용할 거라면 개인으로 가입을 해도 되나 키워드 광고나 지역소상공인 광고 등 네이버의 유료광고를 진행할 예정이면 사업자광고주로 가입을 한다. 키워드 도구를 활용하여 세부 키워드라 생각되는 키워드를 조회하여 검색량을 먼저 체크해 보자. 키

워드 조회수가 아예 없으면 사용하면 안 되겠지만 100 이하, 300 이하, 500 이하와 같은 키워드들은 블로그 마케팅을 시작하는 입장에서는 반드시 활용해야 할 키워드이다. 검색량이 많고 경쟁이 치열한 것보다는 검색량이 적더라도 경쟁이 치열하지 않아서 상위노출이 가능한 키워드를 활용하여 틈새시장을 노리는 것도 좋은 방법이다.

블로그 운영팁

스마트폰으로 빠르게 키워드 조회수를 확인하는 방법

네이버 검색광고의 키워드 도구는 PC에서 인터넷 접속을 해야만 하는 단점이 있다. 모바일웹으로 빠르게 키워드 조회수를 확인하려면 안드로이드폰 기준 플레이스토어에서 [키워드매니저] 앱을 다운받아서 사용하면 모바일로 키워드 조회수와 연관 키워드의 조회수까지 빠르게 확인할 수 있다. 카카오톡의 경우에는 M-자비스 친구를 맺은 후 키워드 조회수를 확인할 수 있다.

4. 블로그 체험단 모집방법

우리 매장의 제품을 나 혼자 좋다고 이야기하는 것보다 여러 사람이 이야기하면 신뢰도를 높일 수 있고 소비자의 기억에도 오래 남는다. 블로그도 마찬가지다. 내 블로그에만 홍보글을 올리는 것보다 여러 블로그에서 제품을 홍보하는 것이 더욱 강력한 블로그 마케팅 효과를 얻을 수 있다. 이런 방법을 블로그 체험단 마케팅이라 부른다.

〈그림 3-7〉 블로그 모바일 강남역맛집의 VIEW탭 노출 화면을 보면

그림 3-7 네이버 모바일 VIEW 영역 강남역맛집 노출 사례

출처: 네이버 모바일

하나의 키워드에는 하나의 블로그에서 작성한 하나의 블로그 글만 상위에 노출되도록 되어 있다. PC 노출 화면에서도 마찬가지이기 때문에 상위노출 영역에 내 블로그 글이 두 개 이상 노출되게 하려면 블로그 체험단과 같은 다른 블로그를 활용해야 한다.

하지만 타인의 블로그를 통해 내 제품을 홍보하려면 블로거도 모집해야 하고 원하는 형태의 내용이 실리도록 협의해야 한다. 블로그 체험단이 써 주는 내용이 내 제품의 홍보에 도움이 되게 만들고 성과 측정 방법을 알아내는 것은 쉬운 일이 아니다. 특히 외식이나 맛집 마케팅에서는 블로그 체험단이 중요하다고 하는데 어떻게 모집하고 운영해야 할까?

블로그 체험단을 모집할 때 중요한 것은 먼저 어떤 수준의 블로거를 선택하느냐이다. 블로그 글쓰기로 수익을 얻는 블로거의 경우, 블로그 운영경력과 수준에 따라 1회 포스팅 비용은 1만 원부터 20만 원까지 다양하다. 비용이 비싼 블로거는 파워블로거가 많은데 2014년부터 네이버의 파워블로거 제도는 폐지되어 요즘에는 방문자가 많고 상위노출이 잘 되는 블로그들을 통칭해서 파워블로거라고 부른다. 하지만 블로그 체험단 운영 시 파워블로거를 쓴다고 성공이 보장되지는 않는다. 왜냐하면 만 명의 방문자가 들어와도 모두 체험단 리뷰 글을 보는 것은 아니기 때문이다. 그러므로 블로거를 모집할 때에는 방문자의 수보다는 이웃수나 이웃과의 소통 정도를 파악하는 것이 중요하다. 키워드와 포스팅 내용이 구매전환을 결정짓는 가장 중요한 요소이기 때문에 키워드를 포스팅에서 얼마나 잘 표현하고 있는지 확인하는 것이 성공 포인트이다.

만약에 직접 블로그 체험단을 모집하고 운영을 할 계획이라면, 처음에는 경쟁이 심하지 않은 세부 키워드와 간접 키워드들을 발굴하고 체험 후기 가이드라인을 잡아서 블로그 체험단 운영을 시작하면 좋다. 그 이유는 최근 검색 이용자의 검색 형태상 하나의 키워드에만 노출되는 것보다는 다양한 검색 키워드에 노출되는 것이 유리하기 때문이다.

1) 체험단 모집방법

블로그 체험단은 어디서 어떻게 모집을 할까? 직접 블로거에게 쪽지를 보내서 모집하는 방법도 있지만, 이런 방법으로는 다수의 블로거를 모집하기가 쉽지 않다. 가장 빠른 방법은 온라인 마케팅 대행사나 블로그 체험단 사이트에 요청하는 것이다. 대부분의 온라인 마케팅 대행사에서는 체험단 블로그를 직접 운영 중이거나, 블로거 모집 사이트를 통해서 블로거를 섭외 후 진행을 한다. 블로그 체험단 모집회사는 국내에 30여개 이상이 있으며 모집 조건과 가격 등이 천차만별이기 때문에 3~4곳 이상을 비교한 후에 진행할 것을 추천한다.

이 책에서 특정 업체가 가장 좋다고 표현할 수는 없다. 하지만 우선 고려해야 할 사항은 선택한 업체의 블로거가 타 업체보다 얼마나 많이 활동하고 있는지 확인하는 것이다. 또한 블로거가 체험하기 전에 가급적 자사의 제품과 잘 어울리는 목표 고객이나 연령대 · 성별 · 지역 등이 적합한지, 블로거의 데이터가 체계적으로 관리되고 있는지, 원하는 블로거를 지원할 수 있는지를 확인해야 한다. 점포를 체험한 후 활동에 대한 링크와 좋아요, 댓글, 공감 등의 활동을 측정한 보고서는 필수적으로 받아야 한다. 주의할 점은 업체가 블로거의 지수나 수준별 가이드라인을 잘 제시할 수 있는지 확인하는 것이다.

방문자나 이웃 수, 활동 정도를 가늠해서 키워드에 맞는 적합한 블로거를 이용한다면 적은 비용으로 효율적인 블로그 체험단을 운영할 수 있다. 실제 운영에 자신이 없다면, 체계적으로 운영을 진행해 주는 광고 대행사와 손을 잡고 운영 방향을 기획하는 것이 현명한 방법이다. 블로그 키워드 선정부터 노출까지 관리 대행을 해주기 때문에 비용 부담이 크지 않다면 여러 가지 장점이 있다.

2) 블로그 체험단은 어느 정도 진행해야 할까?

체험단을 활용하는 수준은 매장의 규모나 운영 시기에 따라 적절하게 결정해야 한다. 기본 전제는 일시적으로 큰 투자를 하기보다 꾸준히 지속적으로 하는 것이다. 그러나 계속 운영하는 것은 매장에도 큰 부담이 될 수 있기 때문에 운영 초기에는 세부 키워드에 모두 노출될 수 있도록

20개 이상, 중기로 넘어가면서부터는 5~10개 이상을 꾸준히 해주는 것이 좋다.

표 3-3 블로그 체험단 모집방법 비교표

구분	직접 모집	체험단 사이트 모집	마케팅 대행사 진행
장점	• 맘에 드는 블로그 직접 선택 가능 • 원하는 내용들을 직접 전달 • 다양하게 조건을 정할 수 있다.	• 업체에서 모집 진행 • 관리 포인트는 업체마다 다름 • 잘못된 내용의 경우 수정요청 가능	• 블로그 지수에 따라 선택 가능 • 온라인 분석을 하고 진행 • 블로그 로직에 맞춰 정확히 포스팅 • 가장 효과 좋음
단점	• 쪽지를 보내고 답장을 기다려야 함 • 매월 일정한 블로그를 모집하기 힘듦	• 높은 퀄리티의 블로그 섭외 불가 • 원하는 요구조건 모두 반영 불가 • 내용 수정 반영 어려움 • 키워드 조사, 후기 체크 직접 해야 함	• 블로그 지수가 높을수록 비용 증가 • 전문적인 업체를 찾기 힘듦 • 사장이 체계를 모를수록 비용 증가
비용	• 대행업체가 개입하지 않고 직접 모집하므로 가장 저렴	• 가격도 천차만별 • 블로그 모집 건수에 따라 다름	• 비용이 제일 비쌈

1개월에 100개의 블로그 글이 한 번에 올라가는 것보다는 5개씩 10개월 동안 꾸준히 노출하는 것이 좋다. 블로그의 리뷰 수가 꾸준히 올라갈수록 내 매장의 네이버 플레이스 순위도 같이 상승하기 때문에 적은 수라도 계속 진행하는 것을 추천한다. 블로그 체험단의 목적은 단순히 우리 매장의 글을 도배하는 것이 아니라 긍정적인 후기 글을 꾸준히 올려 고객에게 신뢰를 주게 하는 것이 목적임을 잊지 말아야 한다.

블로그 운영팁 **레뷰**

국내에는 많은 블로그 체험단 업체가 있다. 하지만 체계적으로 관리를 해주는 곳은 많지 않은 것이 현실이다. 장기계약을 해야만 저렴하게 이용할 수 있는 구조이기 때문에 소상공인 입장에서는 부담이 될 수 있다. 현재 가장 많은 체험단 블로거를 만날 수 있는 곳은 레뷰이다. 다른 체험단 블로그 사이트에 비해서 많은 블로거들을 보유하고 있고 매월 보고서가 나와서 광고주들이 직접 성과를 파악할 수 있다.

5. 블로그에서 1:1 채팅이 가능한 네이버 톡톡

네이버 마케팅 채널의 하나인 네이버 톡톡은 네이버가 제공하는 1:1 상담 메신저 서비스이다. 하나의 계정으로 네이버의 모든 채널들과 연동되어 상담 채널로만 끝나는 것이 아니라 구매단계에서 고객들과 소통할 수 있게 도와주는 역할을 한다. 블로그에서도 게시글 본문에 상담 메신저 배너를 첨부할 수 있어 고객이 게시글을 보고 궁금한 점이 생기면 네이버 톡톡 배너 버튼을 누르고 실시간 상담을 할 수 있다.

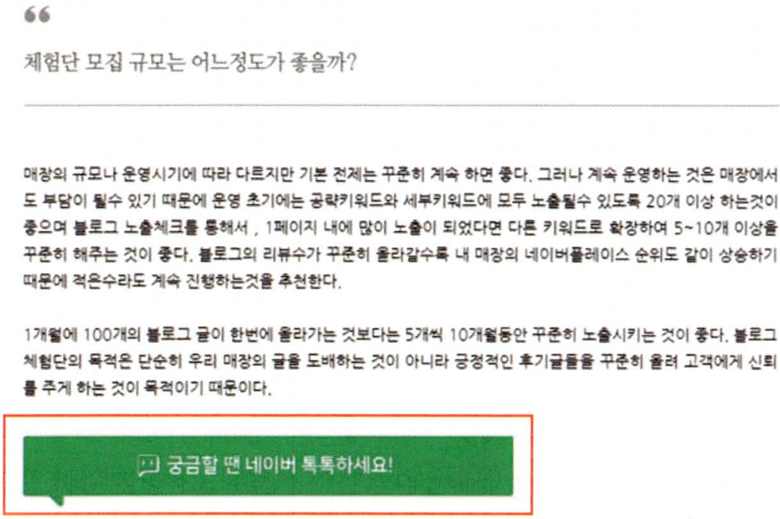

그림 3-8 네이버 블로그 본문에 톡톡 배너 삽입 사례
출처: https://blog.naver.com/xang88/221453827986

네이버 톡톡을 개설하는 방법은 4장 소상공인을 위한 네이버 마케팅 내용을 참고하기 바란다. 이 장에서는 블로그와 네이버 톡톡을 연동하고 활용하는 방법을 중점적으로 알아본다. 네이버 톡톡은 검수가 완료되어 사용이 가능해지면 블로그 앱이나 블로그 PC버전을 통해서 바로 연결할 수 있다. PC에서는 '관리〉기본설정〉기본정보 관리〉블로그 정보〉네이버 톡톡'을 연결하면 바로 PC와 모바일 블로그 프로필에 [톡톡하기] 상담 버튼이 활성화된다.

그림 3-9 네이버 톡톡 버튼이 활성화된 사례(왼쪽 PC, 오른쪽 모바일 블로그앱)

출처: 꿈꾸는 마케터의 온라인 마케팅 이야기(https://blog.naver.com/xang88)

〈그림 3-9〉와 같이 네이버 톡톡을 블로그 프로필에 노출해 실시간 상담을 유도할 수 있다. 블로그 본문에도 〈그림 3-8〉과 같이 본문에 [궁금할 땐 네이버 톡톡하세요!] 상담배너가 추가된 것을 확인할 수 있다. 이 배너를 클릭하면 바로 상담 채널로 연결된다. 특히 고객은 별도의 앱을 설치할 필요 없이 웹에서 바로 상담할 수 있기 때문에 네이버 플랫폼에서는 카카오톡 플러스친구보다는 네이버 톡톡을 권장한다.

블로그 본문에 첨부하는 방법은 블로그 모바일의 경우 [글쓰기 도구]에서 [톡톡]을 선택하여 연결할 톡톡 계정을 선택하면 본문에 상담 배너가 바로 첨부된다. 스마트에디터원으로 새롭게 변경된 PC에서는 〈그림 3-10〉과 같이 글쓰기 도구가 활성화되어 버튼을 누르면 첨부된다.

그림 3-10 톡톡 상담배너 설치하는 방법

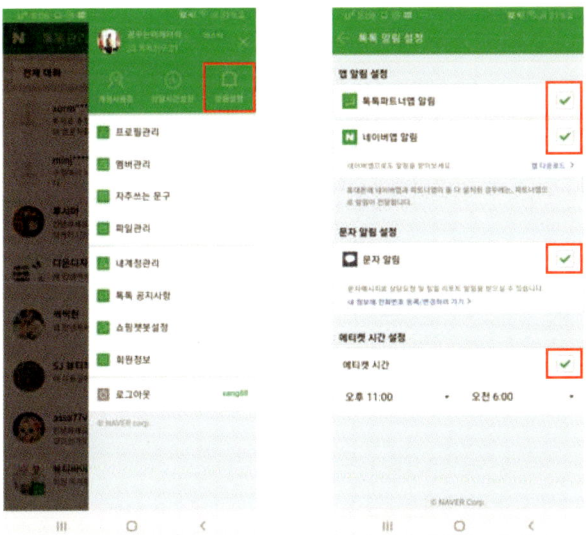

그림 3-11 네이버 톡톡 앱 알람 설정하는 방법

네이버 톡톡은 실시간 빠른 상담이 가능하기 때문에 네이버 톡톡 앱을 설치하여 알람을 ON으로 활성화하는 것이 중요하다.

네이버 톡톡 앱에서 알림 설정을 누른 후 톡톡파트너 앱과 네이버 앱 알림, 문자 알림까지 모두 체크하도록 한다.

PC에서는 크롬 브라우저를 사용할 경우 네이버 톡톡 파트너센터에서 알림 설정이 가능하며 고객에게 톡톡 메시지가 왔을 경우 PC화면 하단에 팝업창이 떠서 알려준다. 네이버에서는 네이버 톡톡을 이용하는 것이 편리하지만 때에 따라서는 카카오톡 플러스친구도 같은 방법으로 활용할 수 있다. 단 링크가 계속 반복되면 네이버 시스템에서 스팸 문서로 판단을 하므로 반복적으로 링크를 삽입하는 것은 피한다. 카카오톡 플러스친구보다는 네이버 톡톡이 사용하기 편리하므로 우선적으로 네이버 톡톡 사용을 추천한다.

블로그 운영팁

네이버 톡톡 가입절차

네이버 톡톡 파트너센터(https://partner.talk.naver.com)에 접속하여 가입 후 계정을 만들면 된다. 기존에 사용하고 있는 네이버 아이디로 가입할 수 있다.

PC는 크롬 브라우저를 사용해야 팝업 알림을 받을 수 있고 모바일에 네이버 톡톡 앱도 별도로 깔아서 사용해야 실시간 알림을 받고 사용할 수 있다.

6. SNS와 연동하여 콘텐츠를 노출시키는 방법

블로그 콘텐츠는 검색을 통해 노출되는 형태이다. 그래서 지수가 높아지기 전까지는 상위노출이 어렵다는 단점이 있다. 정성을 다해 블로그를 작성한 양질의 문서임에도 불구하고 노출이 되지 않는다면, 내 블로그는 이웃이나 세부 키워드를 통해 들어온 소수의 방문자 외에 보는 사람이 없을 것이다. 방문자를 늘리고 공감과 댓글, 스크랩이 많아져야 내 블로그 지수도 빨리 올라갈 수 있다. 낮은 지수에도 노출이 잘 되게 하는 방법은 SNS를 활용하는 것이다. 작성한 블로그 글을 SNS에 연동하여 많은 사람에게 노출시키는 것이다.

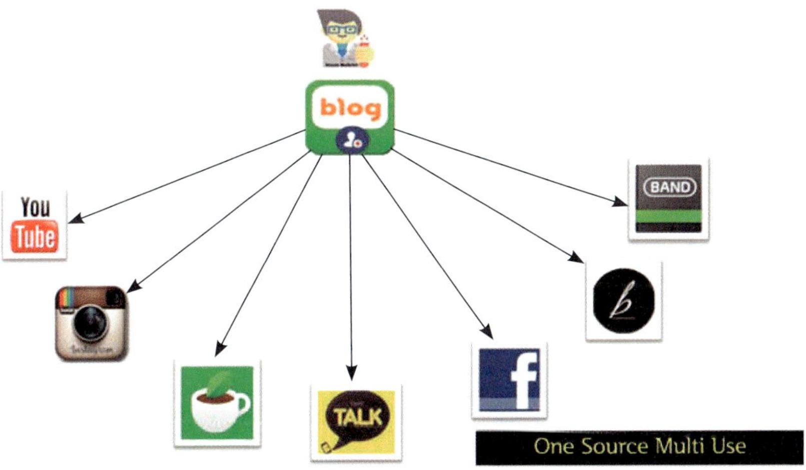

그림 3-12 블로그 콘텐츠를 연동하여 노출시킬 수 있는 채널들

블로그를 작성한 후에는 네이버 블로그에서 제공하는 공유하기 기능을 활용하여 다른 채널로 콘텐츠를 공유하는 것이 좋다.

블로그는 PC나 모바일에서 동일하게 제목 영역에 있는 URL을 복사하여 가입된 모든 소셜네트워크에 첨부할 수 있다. 참고로 인스타그램은 연동이 불가능하다. 네이버 카페, 밴드, 페이스북, 카카오톡 등 블로그 주제에 맞는 내용을 공유하여 방문자 유입을 꾀할 수 있다.

카페의 경우 링크를 첨부하면 광고성 글로 판단하여 스탭이 강퇴시킬 수 있기 때문에 내가 작성한 게시글과 성격이 맞는 카페에 글을 공유해야 한다. 단, 카페에 글을 공유하기 전에 먼저 꾸준하게 카페 활동을 하여 인지도를 높여야 한다.

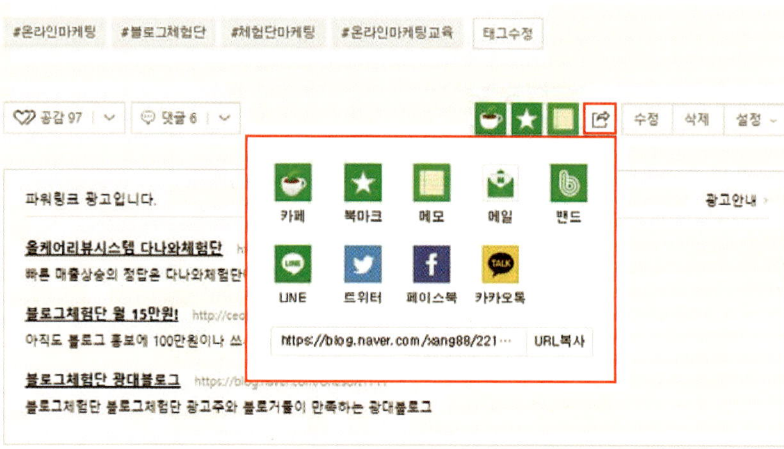

그림 3-13 블로그 PC 본문 하단에 위치한 공유 버튼 사용하는 방법

1) 페이스북에 공유하기

필자가 자주 쓰는 방법은 페이스북에 공유하기이다. 모바일에서도 공유가 편할뿐더러 반응도 빠른 편이다. 페이스북은 우리나라에서 제일 많은 가입자 수를 보유하고 있기 때문에 개인 계정과 페이지, 그룹을 통해 블로그 콘텐츠를 유통할 수 있다.

다만 페이스북에 링크만 공유시키면 페이스북 유저들이 읽지 않을 확률이 높기 때문에 페이스북에 링크를 첨부한 후에는 요약된 핵심 내용을 페이스북 형식에 맞게 작성해 주는 것이 좋다.

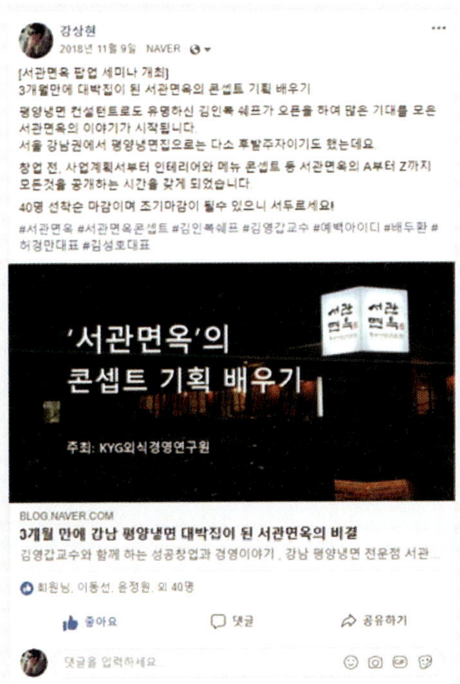

그림 3-14 블로그 글을 페이스북과 연결하여 노출시킨 사례

가장 이상적인 구성은 타임라인 게시글에 ① 요약된 블로그 글, ② 관련 해시태그 작성, ③ 링크 첨부의 3가지를 넣어 콘텐츠를 확산시키는 것이다.

페이스북 알고리즘의 특성상 '동영상〉이미지〉URL' 순으로 도달률이 결정된다. 그러므로 내 게시물의 도달률을 더 높이기 위해서는 동영상과 사진을 별도로 먼저 첨부한 후에 요약된 내용과 링크를 첨부한다.

블로그를 시작하는 독자라면 위의 사례처럼 다양한 SNS 채널에 계정을 만들고 활발히 활동할 것을 권한다. 활동하는 SNS에 작성한 블로그를 공유하는 것만으로도 다양한 유입경로를 만들 수 있다. 이제는 블로그도 콘텐츠의 커멘드센터이자 하나의 플랫폼으로써 여러 채널과 함께 믹스되어야 한다.

그림 3-15 동영상과 사진을 페이스북에 첨부한 후 블로그 링크를 첨부한 사례

7. 네이버 스마트플레이스와 연동하여 콘텐츠를 노출시키는 방법

네이버 스마트플레이스에는 블로그 콘텐츠를 연동해서 노출시켜 주는 기능이 있어 매장이 등록되어 있는 사업자라면 블로그 콘텐츠를 2가지 방법으로 노출할 수 있다.

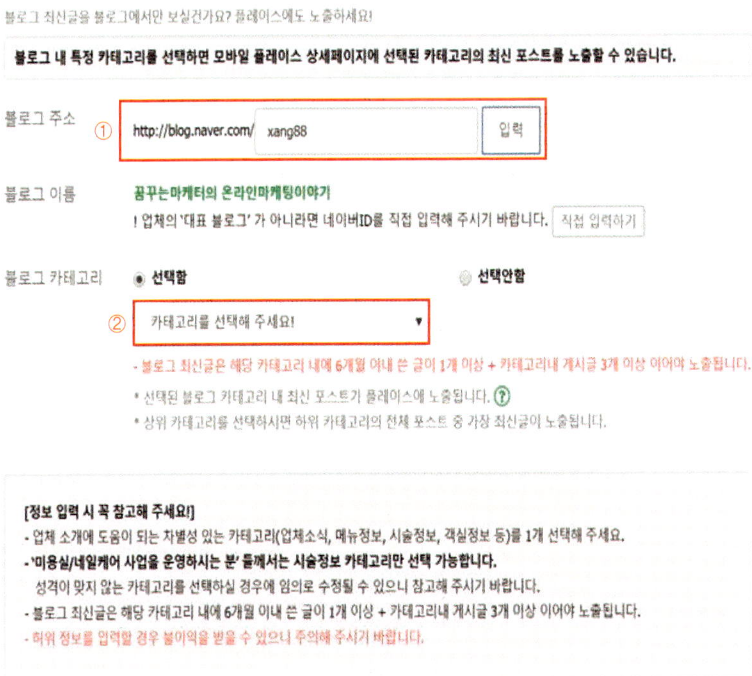

그림 3-16 네이버 스마트플레이스에서 블로그 카테고리를 연동하는 방법

나의 블로그를 등록해서 노출시키는 방법은 '네이버 스마트플레이스〉등록 내역 관리〉수정〉상세정보 입력'에서 등록할 수 있으며, 첫 번째 방법은 〈그림 3-16〉의 ①처럼 블로그 주소를 입력한 후, ②처럼 특정 카테고리만 노출시키는 방법이다. 첫 번째 방법으로 연결하면 카테고리 내에 있는 글들만 네이버 플레이스에 노출되어 고객들에게 노출된다. 두 번째 방법은 카테고리를 지정하지 않고 블로그 주소만 입력하여 블로그에 올라오는 최신글들을 모두 공개하는 방법이다.

그림 3-17 네이버 스마트플레이스에 블로그 콘텐츠를 노출시킨 사례
출처: 서면 어쭈 네이버 스마트플레이스 모바일 화면

개인 일상 콘텐츠와 매장에 관련된 콘텐츠를 분리해서 노출시키고 싶다면 첫 번째 방법을, 모든 것을 노출시키고 싶다면 두 번째 방법을 선택하면 된다. 단, 첫 번째처럼 카테고리를 지정해서 노출시키는 방법을 선택할 경우 해당 카테고리 내에 6개월 안에 작성된 글이 최소 1개 이상, 총 3개 이상의 글이 있어야 노출된다.

부산 서면 어쭈의 백신성 대표는 〈그림 3-17〉과 같이 블로그 카테고리를 네이버 스마트플레이스에 연동시켜서 고객들의 후기나 매장 소식들을 전하며 소통하고 있다. 이처럼 외식사업자의 경우 블로그가 상위 노출이 되지 않더라도 네이버 스마트플레이스에 연동시키면 기존고객이나 잠재고객들에게 노출할 수 있다. 지금 개인 블로그를 운영하면서 외식사업을 하고 있다면 네이버 스마트플레이스에도 블로그를 연동시켜서 고객들과 직접 소통하는 블로그로도 활용하길 바란다. 네이버 스마트플레이스의 자세한 활용방법은 제4장 소상공인을 위한 네이버 마케팅에서 설명한다.

블로그 운영팁

단축 URL로 깔끔하게 링크 공유하기

다른 채널로 블로그 콘텐츠를 공유하기 위해 URL을 첨부하다 보면 주소가 길게 늘어져서 가독성이 떨어지는 문제가 있다. 비틀리(https://bitly.com)라는 사이트에 접속하면 긴 주소를 깔끔히게 단축시켜 준다. 주소를 비틀리 사이트 검색창에 붙여넣기 한 다음에 SHORTEN 버튼을 누르면 깔끔하게 주소가 단축된다.

정리하기

01 블로그 마케팅을 본격적으로 시작하려면 먼저 알아두어야 할 개념이 검색 알고리즘이다. 네이버는 검색로봇을 통해 모든 문서의 내용을 검토해서 좋은 문서와 나쁜 문서를 판단하여 노출 순서를 정한다.

02 네이버 블로그는 현재 C-Rank 알고리즘이 적용되고 있어서 전문적인 주제로 오랜 기간 운영한 블로그를 우대하고 있다. 2018년 6월부터는 새롭게 적용된 D.I.A. 로직으로 블로그 운영기간이 적더라도 좋은 문서라고 판단되면 상위노출을 시켜주고 있다.

03 단순히 일상을 공유하는 목적이 아니라면 블로그를 운영하는 목적은 마케팅이다. 마케팅의 목적은 고객가치이며 내가 지금 쓰는 글이 정보로서 얼마나 가치가 있을지 염두하고 글을 작성하도록 하자.

04 고객과의 에피소드 또는 긍정적인 후기 내용들을 블로그에 담아 보도록 하자. 이를 통해 좀 더 신뢰할 수 있는 블로그로 인식되어 우리 매장의 방문을 결정하게 된다.

05 블로그에서 제목은 이 문서가 어떤 주제를 가지고 있는지 알려주는 것으로 검색노출을 위해서는 검증된 키워드 사용이 필수이다. 키워드는 네이버 검색광고 시스템을 통해 발굴할 수 있다.

06 블로그 마케팅을 시작할 때는 대표 키워드와 세부 키워드의 개념을 이해하는 것이 중요하다. 블로그 운영 초기에는 검색량이 적은 세부 키워드로 노출을 시켜 블로그 지수를 높이는 방법을 택해야 한다.

07 우리 매장 상품을 나 혼자 좋다고 하는 것보다 여러 사람이 이야기하면 더 신뢰성을 얻고 기억에도 오래 남는다. 또한 내 블로그에만 홍보글을 올리는 것보다 여러 블로그에서 홍보를 해주는 것이 더욱 강력한 블로그 마케팅 효과를 볼 수 있다.

08 네이버 톡톡은 네이버의 1:1 상담 메신저이다. 블로그에서도 게시글 본문과 프로필 영역에서 상담배너 노출이 되기 때문에 고객이 게시글을 보고 궁금한 점이 생기면 바로 배너 버튼을 누르고 실시간 상담을 할 수 있다.

09 블로그는 검색기반의 플랫폼이다. 블로그의 지수가 높아지기 전까지는 상위노출이 어렵다는 단점이 있다. 이를 보완하기 위해 SNS와 연계하여 여러 경로로 노출을 시킬 수 있다.

10 SNS 플랫폼의 특성에 맞게 표현을 달리하여 활동하는 SNS에 작성한 블로그를 공유하는 것만으로도 다양한 유입경로를 만들 수 있다.

11 네이버 스마트플레이스에도 블로그 콘텐츠를 노출시켜 매장의 소식을 전하며 고객들과 소통할 수 있다.

연습문제

01 블로그 홈에서 블로그 챌린지 프로그램을 등록하고 100일 위젯이나 마스터 위젯에 도전해 보자.

02 네이버 검색광고에 가입하고 대표 키워드와 세부 키워드를 찾아보자.

03 블로그 글을 발행했다면 활동 중인 SNS에 연동하여 노출시켜 보자.

04 네이버 스마트플레이스에 블로그 콘텐츠를 노출시킨 사례를 찾아보고 자신의 블로그도 네이버 스마트플레이스에 노출시켜 보자.

Chapter 04

소상공인을 위한 네이버 마케팅

CONTENTS ▶▶▶

CHAPTER 04

소상공인을 위한 네이버 마케팅

▶▶▶ 학습목표

- 네이버 마케팅을 하기 위한 준비 과정을 설명할 수 있다.
- 고객을 불러오는 네이버 스마트플레이스 활용법을 설명할 수 있다.
- 24시간 예약이 가능한 네이버 예약서비스 활용법을 설명할 수 있다.
- 네이버 톡톡 활용법을 설명할 수 있다.
- 우리 매장의 얼굴 네이버 modoo 홈페이지 만들기와 활용법을 설명할 수 있다.
- 서면 어쭈의 네이버 마케팅 성공 사례를 자신의 점포에 적용할 수 있다.

1. 네이버 마케팅의 시작

소상공인이 온라인 마케팅에 실패하는 주된 원인은 크게 두 가지이다. 첫 번째는 온라인 마케팅의 필요성을 전혀 느끼지 못해 온라인 마케팅을 하지 않는 경우이다. 두 번째는 스몰 비즈니스인데도 불구하고 너무 많은 마케팅 수단을 남발해 적합한 채널에 집중하지 못하는 경우이다. 그 외의 이유로는 연령대별로 선호하는 온라인 채널이 다르고, 고객의 구매경로가 다양하게 바뀌고 있음에도 불구하고, 그에 맞는 적절한 대응을 하지 못해 성과로 이어지지 않는 경우이다.

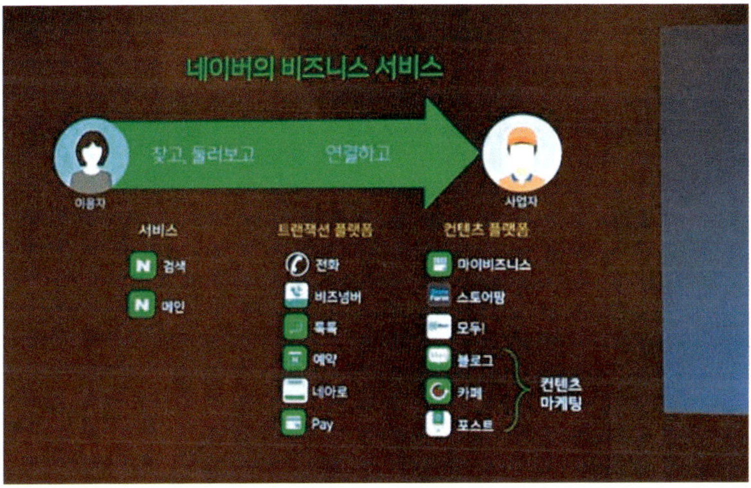

그림 4-1 네이버 비즈니스 서비스

출처: 2016년 네이버 커넥트

2016년 11월 22일 네이버는 비즈니스 컨퍼런스인 'Naver Connect 2017'을 개최하였다. 이 행사에서 주목할 점은 스몰 비즈니스를 위한 네이버의 서비스와 플랫폼에 대한 소개였다. 기존에 흩어져 있던 네이버 서비스 채널을 연결해 통합마케팅이 가능하도록 한다는 것이 핵심이었다. 〈그림 4-1〉에서 보듯 네이버 플랫폼을 활용하면 보다 효과적으로 온라인 마케팅을 할 수 있다. 가장 큰 변화는 트랜잭션 플랫폼을 구성하고 있는 네이버 서비스 채널이 구매전환을 위한 창구 역할을 한다는 점이다. 따라서 트랜잭션 플랫폼과 콘텐츠 플랫폼의 연결이 마케팅 성패의 핵심임을 알 수 있다.

네이버는 현재까지도 이러한 구조를 중심으로 채널들의 기능을 계속 업데이트하고 있다. 고객의 구매경로를 따라가 보면 정보검색을 한 소비자는 바로 구매를 결정하지 않고 콘텐츠 플랫폼을 통해 구매 후기를 검색하게 되는데 네이버 비즈니스 서비스는 이러한 프로세스에 맞춰 구성되어 있음을 알 수 있다. 따라서 사업자가 네이버를 활용한 마케팅으로 더욱 큰 성과를 거두려면, 이에 맞는 네이버 환경 구성이 필요하다.

소상공인에게 네이버는 함께 가야 할 사업 파트너이다. 그 이유는 점포의 모든 온라인 비즈니스가 네이버를 통해 이루어진다고 해도 과언이 아니기 때문이다. 또한 소상공인 비즈니스에 필요한 다양한 채널의 대부분이 네이버에 존재한다. 따라서 네이버 마케팅을 시작하는 사람을 위한 단계별 네이버 마케팅 방법을 소개한다. 기존에 알고 있더라도 다시 한 번 점검해 보는 시간을 갖기 바란다.

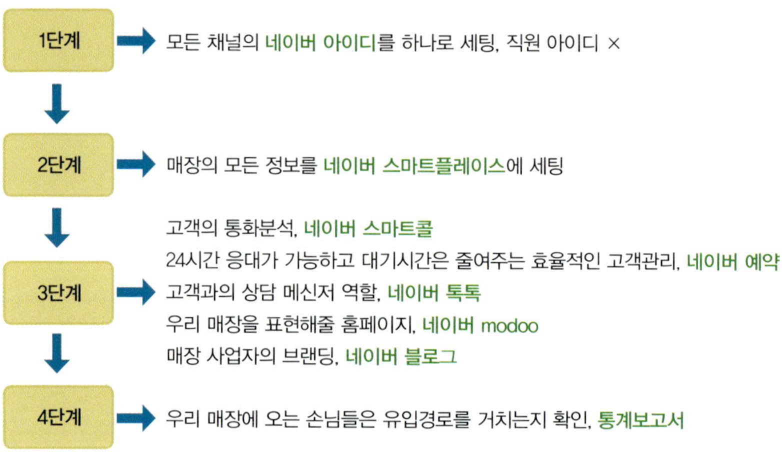

그림 4-2 단계별 네이버 마케팅 방법

1) 1단계: 모든 채널의 네이버 아이디를 하나로 세팅

네이버 마케팅의 시작은 네이버 아이디 설계부터이다. 하나의 아이디로 모든 채널이 연결되기 때문이다. 네이버에는 아이디 지수가 존재한다. 아이디가 채널마다 다르면 아이디 지수도 분산되기 때문에 네이버 마케팅에서 큰 손해를 볼 수 있다. 소상공인 점포의 경우 직원이 계정을 만들었다가 퇴사를 하게 될 때 계정을 넘기지 않아서 문제가 되는 사례를 종종 볼 수 있다. 이런 문제를 사전에 차단하려면 네이버 스마트플레이스를 시작으로 네이버 블로그, 네이버 톡톡, 네이버 예약, 네이버

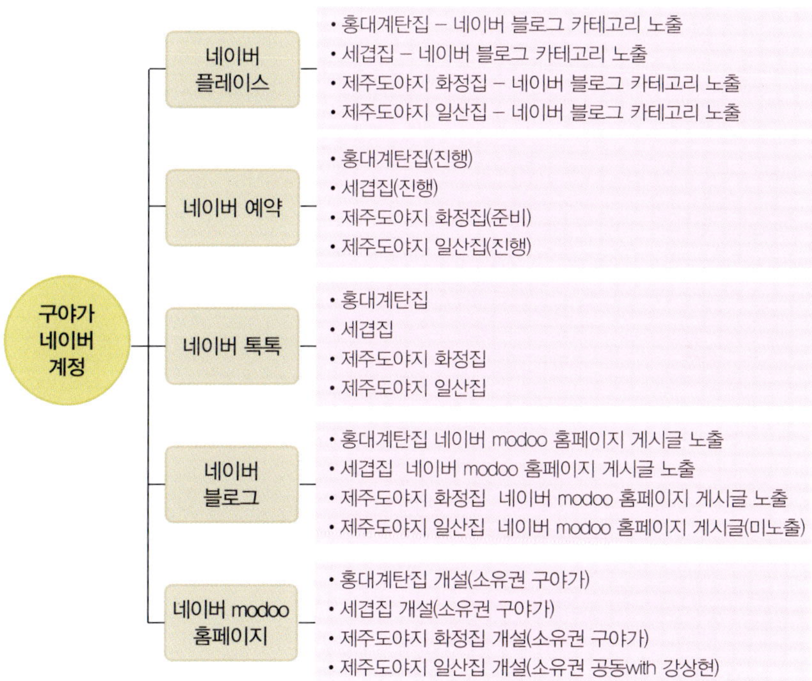

그림 4-3 외식기업 구야가의 네이버 아이디 계정 세팅 사례

modoo 홈페이지의 아이디를 경영자가 직접 챙기고 관리해야 한다. 네이버 스마트플레이스의 경우 계정 관리는 한 사람만 가능하며, 직접 관리가 힘든 경우 관리 권한 위임기능을 활용하여 대행사나 가족에게 관리를 맡길 수 있다. 네이버 톡톡이나 네이버 예약의 경우 사업자가 마스터 권한을 갖고 직원에게 관리자 권한을 부여해 함께 관리할 수 있다. 직원이 퇴사하거나 직무에 변동이 생기면 계정에서 탈퇴시키거나 관리자 권한을 변경한다.

일례로 일산의 외식기업 (주)구야가는 현재 5개의 직영점을 운영 중인데 매장마다 다르게 운영하였던 네이버 아이디 계정을 하나의 네이버 아이디로 통일하여 관리를 단순화시킬 수 있었다.

2) 2단계: 매장의 모든 정보를 네이버 스마트플레이스에 세팅

네이버 스마트플레이스란 네이버 검색에 나타나는 업체 정보와 사업에 필요한 기능들을 사업자가 직접 편집, 관리하는 서비스이다. 네이버 스마트플레이스는 과거 네이버 블로그가 마케팅에 악용되면서 검색정보의 신뢰성이 계속 떨어지자 네이버가 취하게 된 특단의 조치 중 하나이다. 그래서 맛집 등의 음식점 검색 시 네이버 블로그 영역이 상단에 노출되던 과거와 달리 요즘은 네이버 스마트플레이스 정보를 보여주고 있다.

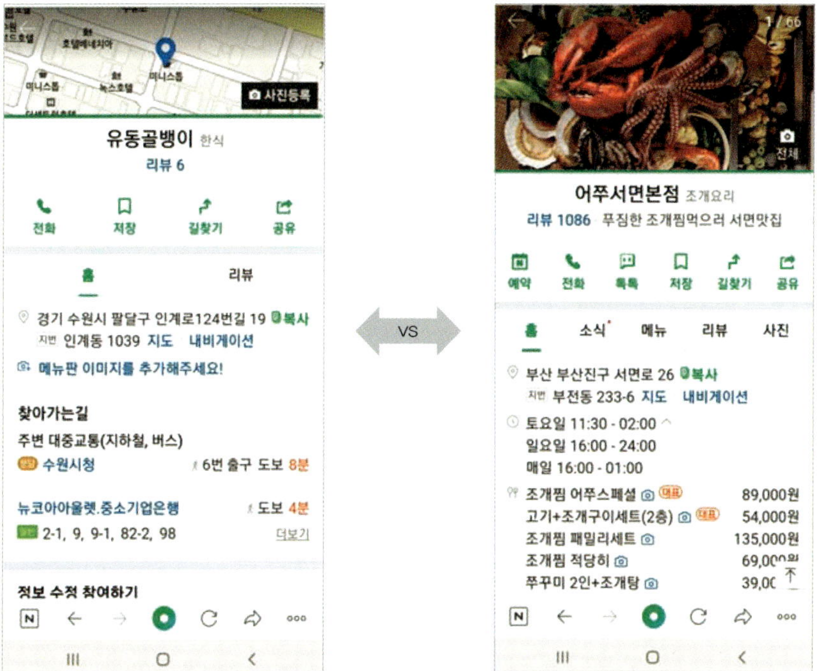

그림 4-4 점포의 첫인상을 좌우하는 네이버 스마트플레이스

네이버 스마트플레이스는 지역을 중심으로 점포들의 정보를 보여주는 서비스로, 점포 간의 비교를 쉽게 만들어 소비자의 선택을 용이하게 하고 있다. 따라서 소비자가 내 매장과 처음 접촉하는 공간인 네이버 스마트플레이스의 첫인상 관리는 매우 중요하다.

소상공인 경영자라면 누구나 네이버 스마트플레이스가 어떤 서비스이고 왜 필요한지를 알고, 자신의 사업에 어떻게 활용할지를 연구해야 한다. 또한 등록된 자신의 플레이스가 고객에게 어떻게 전달되는지도 확인해야 한다. 위에서 언급한 바와 같이 2016년부터 네이버 스마트플레이스가 채널 간의 연결성을 강화하면서 온라인 마케팅의 큰 부분을 차지하게 되었다. 하지만 아직 많은 소상공인이 필요성을 느끼지 못하고 있거나 네이버 스마트플레이스의 중요성을 인지하고 있더라도 실제 활용도는 낮은 것이 현실이다.

네이버 스마트플레이스는 사업장이나 사무실을 개설한 사업주라면 누구나 이용할 수 있는 서비스이지만 누구나 같은 효과가 나타나지는 않는다. 사업자 간의 성과 차이가 나타나는 이유는 네이버 스마트플레이스의 특성을 이해하지 못하고 형식적으로 활용하기 때문이다. 따라서 네이버 스마트플레이스를 이용해 효과적인 온라인 마케팅을 하기 위해 그 특성을 정확하게 이해해야 한다.

(1) 철저하게 고객의 입장에서 만들어야 한다.

음식점이라면 메뉴의 가격정보와 사진, 영업시간과 전화번호 등은 필수사항이다. 트렌드에 맞게 네이버 마케팅 서비스 채널을 전부 설치하여 온라인상에서 예약도 받고 네이버 톡톡으로 상담도 할 수 있어야 한다. 잠재고객이 지역 맛집 검색을 통해 네이버 스마트플레이스에 보이는 자신의 음식점과 경쟁점을 비교했을 때 선택을 받기 위해선 고객이 찾는 키워드, 이용시간, 메뉴, 가격정보, 맛있는 음식 사진 등 음식점에서 알리고 싶은 내용을 자세하게 안내해야 한다. 음식점 경영자가 업체를 소개하는 사진뿐만 아니라 고객에게 소구될 수 있는 모든 사항을 꼼꼼히 작성해야 한다. 이는 고객의 선택에 도움을 줄 뿐 아니라 우리 음식점을 소개하는 홍보의 기회도 될 수 있다. 스마트 기기에 익숙해진 세대는 직접 전화통화를 하는 것보다 네이버 톡톡으로 소통하는 것에 더 익숙하다는 점도 고려해야 한다.

(2) 네이버 마케팅 채널들의 연결성을 이해해야 한다.

현재 네이버 예약이나 네이버 톡톡은 대부분(네이버 블로그, 카페, 기타 웹사이트)의 채널과 연결할 수 있다. 그러므로 고객이 온라인을 통해 내 매장으로 찾아오게 하기 위해선 고객의 검색경로를 잘 이해하여 그 접점에 네이버 마케팅 서비스 채널을 노출시켜야 한다.

(3) 지속적인 관리와 평가 그리고 개선이 필요하다.

온라인 마케팅은 채널을 만들었다고 끝나는 게 아니다. 채널 활용도와 성과를 매월마다 평가하고 개선해 나가야 한다. 네이버는 채널별로 성과를 측정할 수 있는 통계 데이터를 제공하고 있어 방문자 수와 연령대, 성별 등의 정보를 볼 수 있다.

3) 3단계 네이버 트랜잭션 플랫폼 연결

(1) 고객의 통화분석, 네이버 스마트콜

네이버 스마트플레이스에는 전화 통화를 분석해 주고 매체별로 전화번호를 다르게 사용할 수 있는 네이버 스마트콜 기능이 있다. '네이버 스마트플레이스〉조회 · 관리〉스마트콜 관리'에서 통화 연결음을 지정할 수 있으며, 매장에서 전화를 잘 받고 있는지, 어떤 키워드로 검색해서 통화로 연결되는지 통계보고서를 이용해서 확인할 수 있다. 영업시간 안내, 주차장 안내같이 단순 문의가 많은 매장의 경우 ARS 기능을 사용하여 전화를 받지 않더라도 ARS로 응대를 대신할 수 있다.

(2) 24시간 응대와 대기시간은 줄여주는 네이버 예약

네이버 스마트플레이스와 연동되는 네이버 예약은 24시간 응대할 수 있고, 예약 고객을 관리할 수 있는 시스템이다. 검색결과에 노출되어 간단하게 예약을 진행할 수 있다. 또한 사업주의 홈페이지, 네이버 검색광고, 네이버 스마트플레이스, 네이버 블로그, SNS 등 고객을 만날 수 있는 다양한 채널들에 노출시켜서 네이버 아이디 하나로 편리하게 예약할 수 있는 무료 예약 서비스이다. 예약, 결제, 취소 등 고객의 예약 과정을 실시간으로 사업주와 고객에게 안내해 준다.

(3) 고객과의 1:1 상담 메신저 역할, 네이버 톡톡

국민 메신저 카카오톡과 같이 네이버도 네이버 톡톡이라는 상담 메신저가 존재한다. 네이버 톡톡만의 강점은 하나의 계정으로 네이버의 모든 채널과 연동할 수 있다는 것이다. 따라서 소상공인 경영자에겐 네이버 톡톡 설치가 필수이며, 이는 단순 상담은 물론 구매단계에서 고객과 소통하는 데도 매우 유용한 수단이므로 적극적으로 활용해야 한다. 네이버 톡톡 서비스는 기존 네이버 계정을 보유한 이용자라면 별도의 가입 없이 네이버 톡톡 파트너센터에서 간단한 인증을 거쳐 무료로 사용할 수 있다. 고객도 별도의 앱 설치 없이 네이버 로그인만 되어 있으면 웹브라우저상에서 상담을 받을 수 있다. 아무리 맛있는 음식이나 좋은 상품이라도 소비자가 알지 못하면 소용 없다. 업종이나 주어진 환경은 다르겠지만, 소상공인 경영자에게 네이버 마케팅은 선택이 아닌 필수이며, 경쟁에서 살아남으려면 네이버 마케팅을 통해 누구도 넘볼 수 없는 경쟁력을 갖추고 적극적으로 내 매장을 알려야 한다.

(4) 우리 매장을 표현해줄 네이버 modoo 홈페이지

네이버 modoo 홈페이지는 소상공인들을 위한 무료 홈페이지 서비스이다. 호스팅 및 도메인(ooo.modoo.at) 비용이 무료이며, 처음에는 모바일용 홈페이지로 제작되었으나 2017년 9월부터 PC 화면에도 적합하도록 페이지 기능과 UI를 개선하는 작업을 하였다. 다른 채널에 비해서는 업데이트가 자주 되지 않고 있지만 일반 저가형 홈페이지를 사용하기보다는 다른 네이버 마케팅 채널들과의 연결성을 고려하여 네이버 modoo 홈페이지 사용을 추천한다.

(5) 우리 매장을 브랜딩 해주는 네이버 블로그

네이버 modoo 홈페이지까지 만들었다면 마지막으로 네이버 블로그를 개설해야 한다. 네이버 스마트플레이스, 네이버 modoo 홈페이지와 네이버 블로그를 연동할 수 있어서 주인장의 일상과 매장 소식 등을 네이버 네이버 블로그로 전할 수 있다. 네이버 스마트플레이스에는 매장 소식만 전할 수 있도록 네이버 블로그 카테고리를 별도로 지정해서 사용하거나 전체의 글이 다 노출되도록 설정할 수 있다.

제3장의 소상공인을 위한 블로그 마케팅 실전 중, 7. 네이버 스마트플레이스와 연동하여 콘텐츠를 노출시키는 방법을 참고한다.

스마트플레이스 운영팁

트랜잭션 플랫폼

마케팅에서 제일 중요한 것은 구매전환이다. 네이버는 2017년 네이버 커넥트에서 발표한 것과 같이 트랜잭션 플랫폼을 통해 다양한 방식으로 고객이 구매로 전환될 수 있도록 지원하고 있다(네이버 스마트콜, 톡톡, 예약, PAY).

네이버가 사업자들에게 제공한 플랫폼

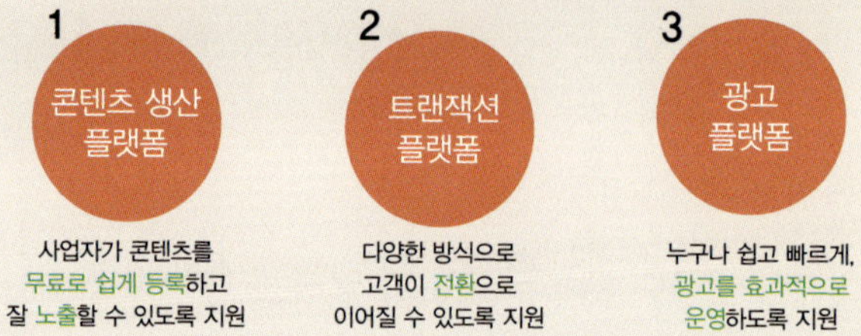

4) 우리 매장에 오는 손님들은 어떤 유입경로를 거치는지 확인할 수 있는 통계보고서

네이버의 모든 채널은 통계보고서 서비스를 무료로 지원한다. 예를 들면, 방문자 유입 수와 성별, 나이, 지역 등을 알려준다. 소상공인 경영자는 채널별로 특성에 맞도록 통계서비스를 제공받을 수 있는데 가장 우선순위로 봐야 할 통계보고서는 네이버 스마트플레이스에서 제공하는 통화보고서이다.

매체별로 네이버 스마트콜 번호를 연결하여 유입률을 측정할 수 있고 전화가 많이 오는 키워드는 어떤 것인지, 매장에서 전화를 얼마나 잘 받고 있는지 조회기간(최근 7일, 최근 30일, 최대 1년)을 설정하여 성과를 측정할 수 있다.

2. 고객을 불러오는 네이버 스마트플레이스

1) 네이버 스마트콜

네이버 스마트플레이스에서 활용할 수 있는 기능은 3가지다. 고객의 예약을 도와주고 관리해 주는 네이버 예약, 고객과 실시간 채팅을 하고 단골로 만들어 주는 네이버 톡톡 그리고 지금 소개할 네이버 스마트콜이다. 네이버 스마트콜은 과거에는 비즈 넘버라는 명칭으로 불리다가 네이버 스마트콜이란 명칭으로 바뀌면서 몇 가지 기능이 업데이트되었다. 2019년 현재에도 소비자와 사업자가 모두 만족할 수 있도록 기능이 업데이트되고 있다. 그러므로 소상공인 경영자 입장에서는 매우 중요한 서비스이다.

(1) 매체별 가상번호 발급

네이버 스마트콜의 대표적 특징은 가상번호(0507-0000-0000)를 발급하여 통화량을 측정해 주고 유입경로를 분석해 주는 것이다. 즉 매장에 걸려오는 통화량과 유입경로를 분석하면 우리 매장의 온라인 노출 영역과 관심도를 측정할 수 있다.

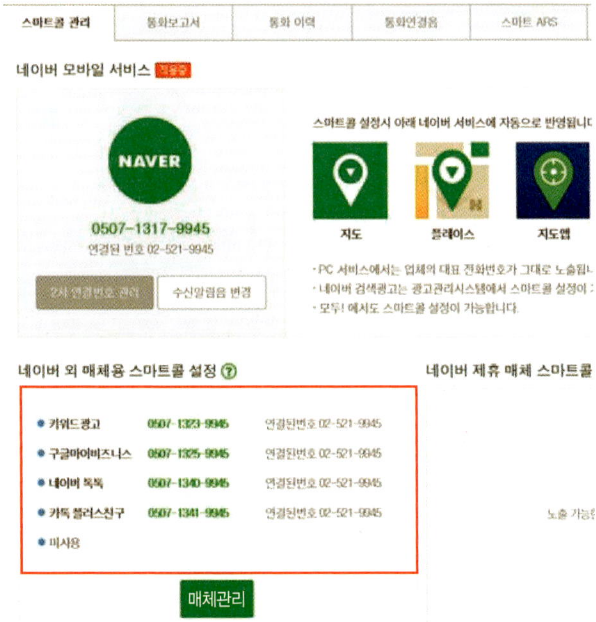

그림 4-5 네이버 스마트플레이스 매체별 네이버 스마트콜 기능

(2) 스마트 ARS

점포에서는 손님이 많이 몰리는 시간대에 전화를 받지 못하는 경우가 생긴다. 이럴 때 스마트 ARS를 이용하면 자동응대를 통해 고객의 불만은 최소화하면서 전화시간까지 단축할 수 있다.

스마트 ARS 설정은 네이버 스마트플레이스에서 지정할 수 있다. 안내 멘트는 총 5개까지 등록할 수 있으며, 기본 멘트를 제외한 안내 순서와 영업시간, 주차안내 멘트만 수정할 수 있다(그림 4-6, 4-7 참조).

그림 4–6 네이버 스마트플레이스 ARS 기능

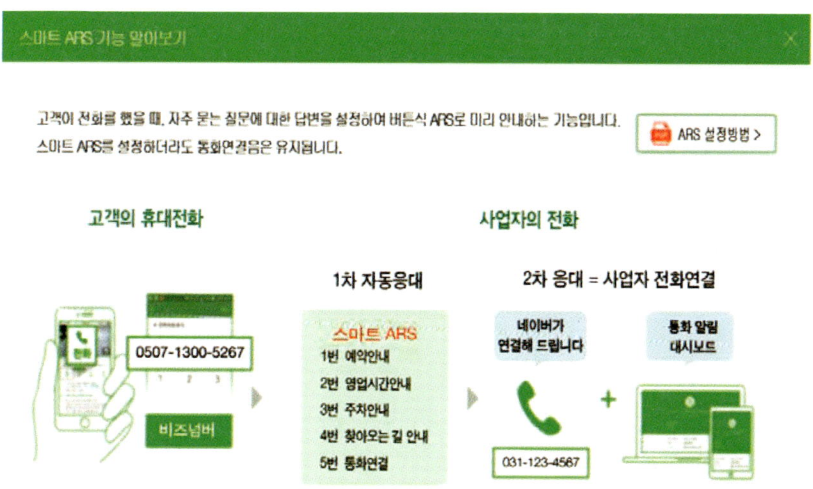

그림 4–7 네이버 스마트플레이스 ARS 설정 방법

실제로 스마트 ARS를 적용한 사업주를 인터뷰한 결과 영업시간, 주차 안내 등 단순문의를 ARS로 응대하면서, 전화 응대 시간이 많이 줄었다고 한다.

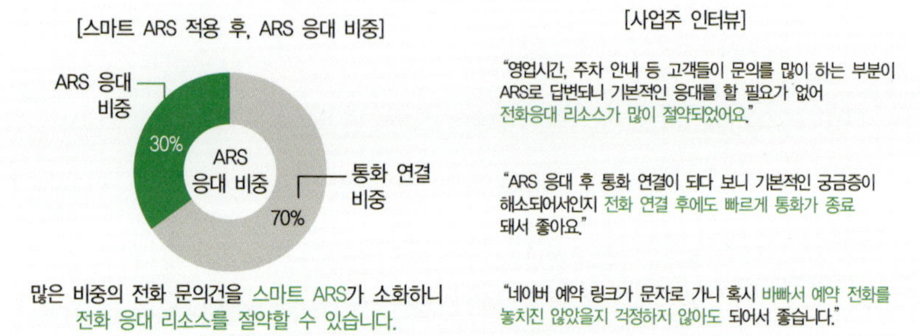

그림 4-8 네이버 스마트플레이스 ARS 활용 사례

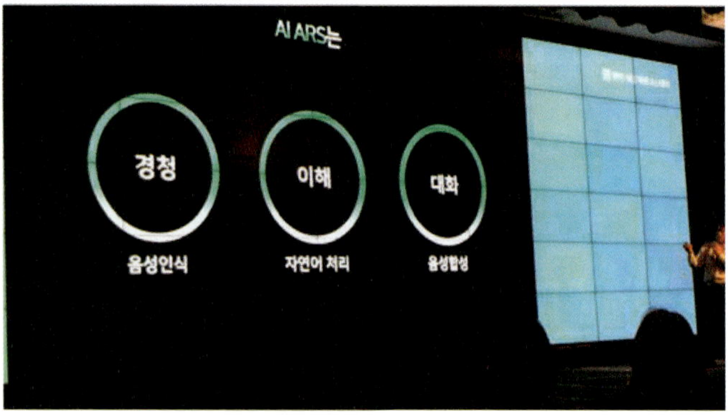

그림 4-9 인공지능 ARS 소개화면

출처: 예약 식당 파트너스데이에서 소개된 AI ARS(클로바)

네이버는 2019년 3월 6일 외식업 대표들을 대상으로 하는 예약 식당 파트너스데이를 통해서 네이버 마케팅 채널을 잘 활용하고 있는 업체들

을 소개하는 한편, 하반기에 변화될 새로운 기능을 소개하는 시간을 가졌다. 이 중 네이버의 인공지능 플랫폼인 클로바(Clova)가 네이버 스마트플레이스와 네이버 예약에 탑재되어 음성인식 서비스를 제공할 예정이며, 빠르면 2020년 상반기부터 활용할 수 있다고 전했다.

(3) 통화보고서 기능

네이버 스마트콜서비스는 소비자들이 어떤 키워드를 통해 네이버 플레이스로 유입되고 연결되는지를 정리한 통화보고서를 제공한다. 내용을 구체적으로 보면 전화가 많이 오는 매체(서비스)는 어디인지, 전화는 잘 받고 있는지, 전화가 많이 오는 키워드는 어떤 것인지 등을 확인할 수 있다.

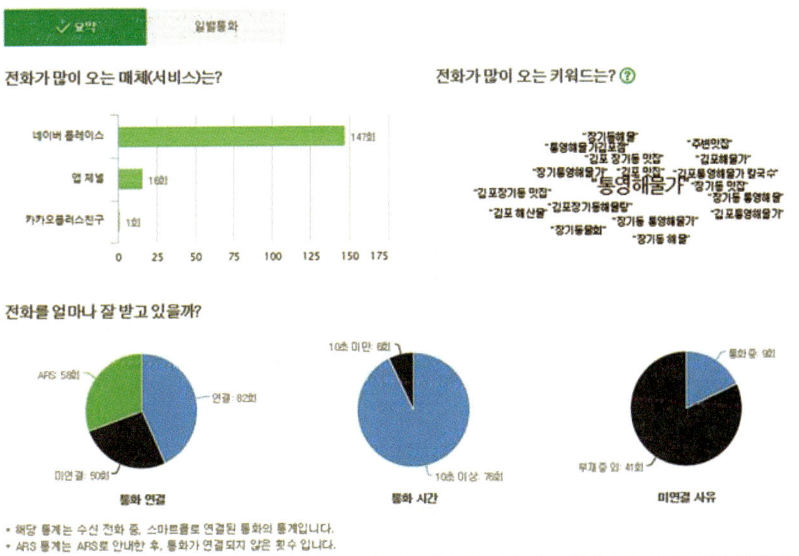

그림 4-10 네이버 스마트플레이스 네이버 스마트콜 통화보고서

이처럼 네이버 스마트콜은 소상공인에게 편리한 기능을 제공하고 있다. 하지만 아무리 좋은 제품이 있어도 소비자가 알지 못하면 소용이 없다. 업종과 상황에 따라 마케팅 방법은 다를 수 있겠지만 스몰 비즈니스를 하는 경우 네이버 마케팅은 필수이다. 다만 준비되지 않는 상태에서 마케팅을 진행하면 비용 낭비뿐 아니라 내 발등을 찍는 결과를 낳을 수 있다. 많은 사람들이 간과하고 있는 점이 온라인 마케팅을 통해 고객들을 유입시킨 후 구매전환을 시키는 활동이다. 네이버 블로그, 페이스북, 인스타그램 등을 통해 고객을 아무리 많이 유입시켜도 구매전환단계(네이버 스마트플레이스)에서 원활한 연결(전화문의, 예약 등)이 되지 않는다면 구매로 연결되지 않는다. 그러므로 구매전환 역할을 해주는 네이버 마케팅 서비스 채널의 활용이 중요하다.

스마트콜 운영팁

네이버 스마트콜 통화보고서로 성과 측정하기

네이버 스마트콜에서는 통화보고서를 확인할 수 있다. 최근 7일, 최근 30일 등으로 기간 설정을 해서 전화가 많이 오는 매체(서비스), 전화가 많이 오는 키워드, 전화를 얼마나 잘 받고 있는지를 확인할 수 있다. 전월과 전년도 동월을 비교해서 네이버를 통해서 혹은 소셜미디어나 전단지에 첨부한 매체별 네이버 스마트콜 넘버를 통해서 얼마나 많은 연락이 오는지 비교분석할 수 있다.

전화가 전년이나 전월대비 늘었다는 것은 우리 매장의 관심도와 노출이 잘 되고 있다는 증거이며, 전화량이 줄었다는 것은 그만큼 관심도가 떨어졌다는 의미이기 때문에 온라인 마케팅 성과의 데이터가 될 수 있다.

3. 24시간 예약담당직원 네이버 예약

네이버 스마트플레이스에서는 고객관리와 결제를 가능하게 하는 '네이버 예약'이라는 서비스를 제공하고 있다. 네이버 예약은 2016년 4월 출시되었고 네이버 아이디 하나만 있으면 쉽고 편하게 예약 관리가 가능한 서비스이며 무료로 사용할 수 있어서 비용 걱정도 없다. 링크를 통해서 다른 홈페이지에도 연결할 수 있고 다른 네이버 마케팅 채널과 연동하여 예약 버튼을 노출시킬 수 있다. 실시간 고객관리로 모든 서비스를 네이버로 통합하고 고객 데이터베이스를 확보하는 역할을 한다.

1) 쉽고 편리한 예약

네이버 예약을 사용할 때의 장점은 쉽고 편리하게 예약 관리가 가능하다는 사실이다. 전화문의 없이도 온라인에서 24시간 고객의 예약을 받을 수 있고, 예약 신청, 변경, 취소, 리뷰 작성 등 예약 시 중요한 일들이 발생하면 사업주에게 문자나 네이버 톡톡을 통해 실시간으로 상황을 알려준다. 이로 인해 전화로 고객응대나 예약 관리에 소요되는 시간들을 50% 이상 절감할 수 있다고 네이버에서 발표하였다.

그림 4-11 네이버 예약

2) 검색결과에 예약 버튼 노출

네이버 예약의 장점은 고객이 네이버에서 우리 매장명이나 ○○맛집 등의 키워드를 검색할 경우, 예약 버튼과 이벤트 내용이 노출되어 고객들에게 좀 더 우리 매장을 알리고 편리하게 예약을 할 수 있도록 지원한다.

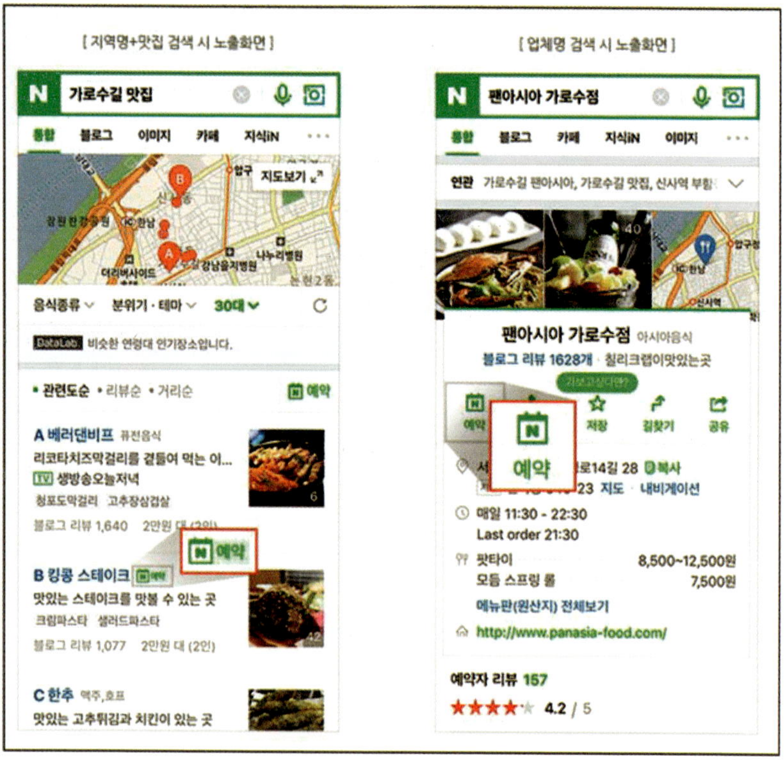

그림 4-12 네이버 예약 버튼 노출화면

출처: 네이버 예약 100% 활용하기

3) 잠재고객에게 신뢰감을 주는 예약 리뷰

네이버 예약을 완료한 이용자만 작성할 수 있는 예약자 리뷰가 업체의 네이버 스마트플레이스에 같이 노출되어 잠재고객들에게 좀 더 신뢰감을 줄 수 있다. 또한 리뷰를 작성하는 사람들에게 네이버페이 포인트도 제공한다.

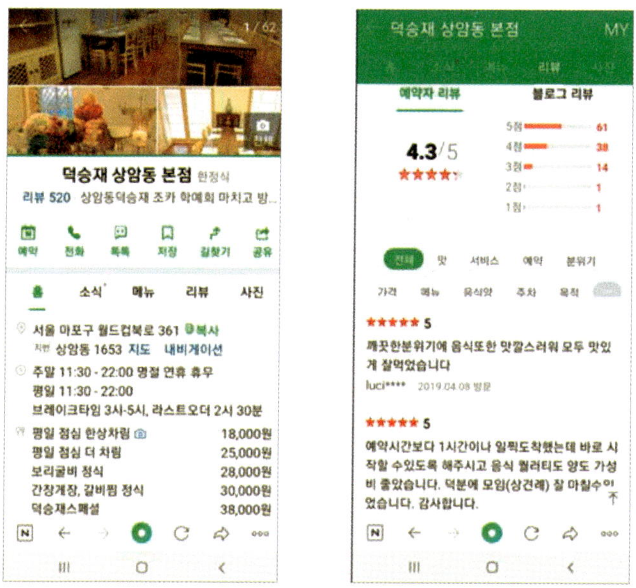

그림 4-13 네이버 스마트플레이스 하단에 노출되는 이용자의 리뷰 사례

출처: 덕승재 상암동 본점 네이버 스마트플레이스

4) 통계 데이터 제공

어떤 키워드로 우리 매장을 방문하게 되었는지, 기간별로 얼마나 예약사이트에 유입이 되었고 예약을 신청했는지 등에 대한 데이터를 제공

하고 있으며, 고객 개인별로 방문했던 예약리스트가 남겨져서 지속적인 관리가 가능하다.

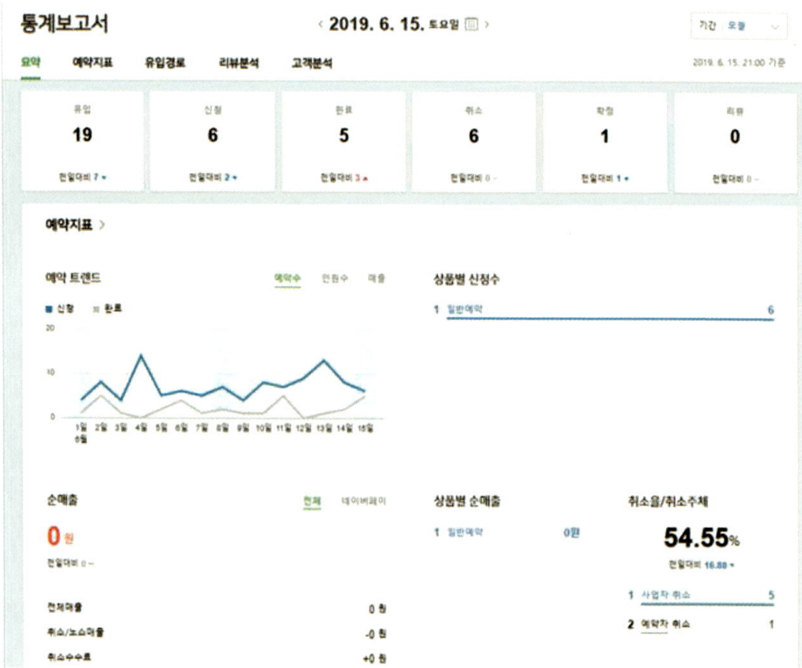

그림 4-14 네이버 예약 파트너센터에서 제공하는 통계보고서 사례

출처: 명지첫집 네이버 예약 통계보고서

5) 네이버 예약서비스 가입 방법

2016년 4월 네이버 예약서비스가 시작된 이후 2018년부터는 네이버 스마트플레이스에서 바로 가입할 수 있도록 간소화되어 인터넷에 익숙하지 않은 소상공인들도 쉽게 가입할 수 있도록 개선되었다.

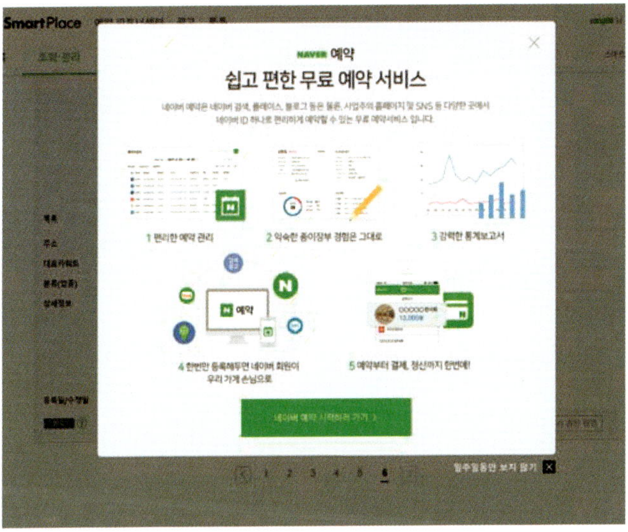

그림 4-15 네이버 스마트플레이스에서 네이버 예약 가입을 유도하는 팝업창

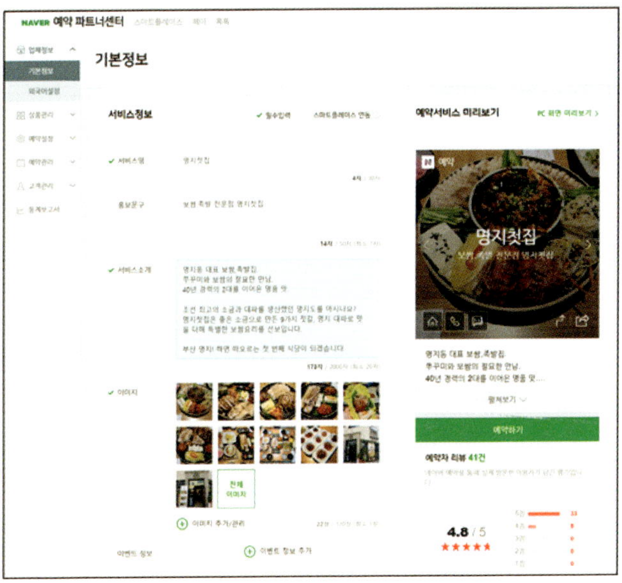

그림 4-16 네이버 예약 업체 등록화면

출처: 부산 명지첫집 네이버 예약 기본정보

〈그림 4-15〉에서 보는 바와 같이 네이버 스마트플레이스에서 [네이버 예약 시작하러 가기] 버튼을 누르면 〈그림 4-16〉과 같이 기본정보 입력화면이 나오며 네이버 스마트플레이스의 기본정보를 그대로 가져와서 사용할 수 있다.

6) 네이버 운영 설정 방법

다음은 예약 운영 내용 설정이다. 가장 중요한 부분은 예약을 받고자 하는 상품을 설정하는 것인데 예약 상품명, 예약 상품 소개, 대표 이미지를 첨부하고, '알립니다' 칸에는 예약 시 주의사항 등을 작성하면 된다.

그림 4-17 네이버 예약 상품을 등록하는 화면

상품정보를 입력했다면 다음으로 정해야 할 것이 일정 및 인원 설정이다. 운영기간은 넉넉히 잡는 것이 좋으며, 예약 시간대를 처음 잡을 때에는 매장 상황에 맞춰서 손님들이 많이 몰리지 않는 시간대부터 시작해 서서히 늘려가는 방법을 추천한다.

시간대 설정까지 완료하면 네이버 예약 파트너센터에서 검수받은 후 예약서비스를 사용할 수 있다. 고객이 예약을 하면 경영자는 문자나 톡을 받은 후 예약 시간을 확인하고 예약 확정을 한다. 이후에는 예약관리에서 예약 당일 문자 완료 후 후기 안내문자 등이 자동으로 안내된다. 네이버 예약자가 리뷰를 남기면 답글을 남길 수 있으며, 예약자 특이사항을 기록해 추후 확인이 가능하다.

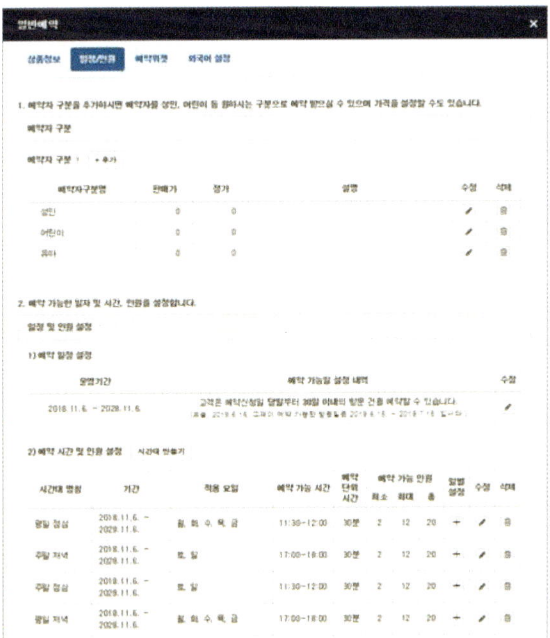

그림 4-18 네이버 예약 일정 및 인원 설정하는 화면

4. 네이버에서는 카카오톡보다 네이버 톡톡

네이버 톡톡은 친구 추가나 앱 다운로드 없이 바로 대화할 수 있는 웹 채팅 서비스이다. 네이버 채널 안에서는 언제 어디서나 1:1 실시간 상담이 가능하게 되어 있어 활용도가 높다. 네이버는 '네이버 연결 2017'에서 소상공인의 마케팅 활성화를 위해 다양한 서비스를 제공하겠다고 공언하였으며, 핵심은 채널과 채널 간의 연결성이었다. 네이버 마케팅 채널 간의 연결에 중심이 되는 것이 네이버 톡톡이다.

네이버 톡톡은 카카오톡 플러스친구와 자주 비교된다. 아직은 전반적인 활용도나 친숙함 정도에서 카카오톡 플러스친구를 쫓아갈 수 없지만, 네이버 검색엔진 안에서는 상황이 다르다.

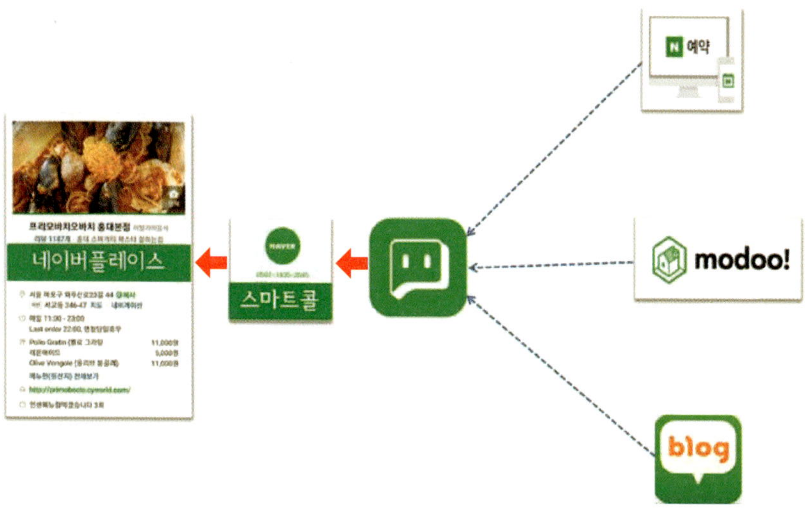

그림 4-19 네이버 마케팅 채널 연결 모형

네이버 톡톡은 기본적으로 카카오톡 플러스친구에서 제공하는 기능을 모두 지원하고 있고 한 달에 한 번이라는 제약은 있지만 전체 메시지 발송도 가능하다. 따라서 다른 플랫폼에서는 몰라도 네이버 플랫폼을 사용하는 입장이라면 네이버 톡톡을 쓰지 않을 이유가 없다.

1) 네이버 톡톡이 네이버에서 유리한 이유

소상공인이 네이버 톡톡을 사용하면 네이버 modoo 홈페이지, 네이버 스마트플레이스, 네이버 예약, 네이버 블로그와 연동해서 사용할 수 있으며, 네이버 톡톡 하나로 모든 1:1 상담을 할 수 있다. 사업자로서는 별도의 비용 없이 1:1 상담 플랫폼을 구축하는 것이다. 특히 네이버 블로그를 운영하고 있다면 프로필 영역과 게시글 본문에도 상담 배너 첨부가 가능하므로 무조건 사용해야 한다.

물론 카카오톡 플러스친구도 네이버 블로그 게시물 본문에 첨부하여 1:1 상담과 친구 추가가 가능하다. 다만 외부 URL을 네이버 블로그 본문에 계속 반복적으로 삽입한다면 네이버에서 생각하는 네이버 블로그 스팸 문서에 걸려 저품질 네이버 블로그가 될 수 있다. 반면 네이버 톡톡은 네이버 블로그 자체에서 제작해 주는 배너 이미지와 함께 URL이 자동으로 첨부되기 때문에 1:1 상담 링크를 삽입할 때 매우 편리하다.

2) 노출의 시너지 효과

전체적인 기능은 카카오톡 플러스친구가 앞설 수 있지만, 네이버 톡톡은 네이버를 통해 소통되기 때문에 노출량에선 압도적이다. 경쟁이 치열한 교대역 상권에서 개점 이후 괄목할 만한 성장을 거두고 있는 평양냉면 전문점 서관면옥도 네이버 스마트플레이스에 네이버 톡톡 버튼을 노출해 실시간 상담을 하고 있다는 것을 알 수 있다.

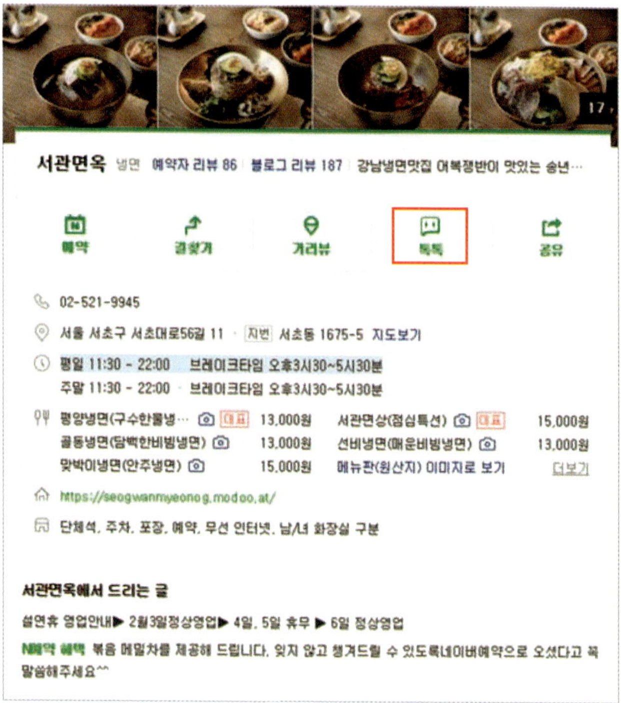

그림 4-20 서관면옥 네이버 스마트플레이스에 네이버 톡톡 버튼이 노출된 화면

3) 네이버 톡톡 시작하기

네이버 톡톡은 파트너센터(https://partner.talk.naver.com)를 통해 가입을 한 후 채팅 계정을 만들어야 한다.

그림 4-21 네이버 톡톡 파트너센터

출처: 네이버 톡톡 파트너센터(https://partner.talk.naver.com)

기존에 네이버에 가입된 사람은 별도의 가입절차 없이 본인이 사용 중인 네이버 아이디로 로그인을 해 이용약관에 동의 후 휴대폰 번호 인증까지 마치면, 1~3일간의 검수 과정을 거친 뒤부터 사용이 가능하다. 네이버 톡톡은 별도의 관리 앱이 있어 이를 설치하면 알림을 통해 언제, 어디서나 실시간 상담을 할 수 있다. 결론적으로 보면 카카오톡 플러스친구와 네이버 톡톡 모두 사용하는 것을 추천한다. 다만 각각의 활용도가 다르다는 점에 착안해 점포의 방문과 구매를 결정하는 네이버 검색 플랫폼에서는 노출과 연동이 잘 되는 네이버 톡톡을 사용한다. 그리고 방문한 고객들과의 관계 관리(CRM)를 위해서는 카카오톡 플러스친구를 사용하는 것이 유리하다. 카카오톡 플러스친구의 경우 네이버에서 노출은 잘 안 되지만 카카오톡 플러스친구를 맺은 사람들에게 카카오톡 채팅 앱을 통해 메시지를 발송할 수 있어 도달률과 메시지 확인 가능성이 크다. 그러므로 신규고객 상담은 네이버 톡톡, 재방문 고객 상담은 카카오톡 플러스친구로 역할을 나누길 권한다.

5. 우리 매장의 얼굴 네이버 modoo 홈페이지

홈페이지를 만들고 싶은데 비싼 제작비용 때문에 부담스러워 포기하거나, 큰맘 먹고 돈을 들여 홈페이지를 만들었는데 원하는 대로 만들어지지 않고, 업데이트를 하는 데도 비용이 들어서 맘고생을 했던 경험이 있을 것이다. 그래서 제작이 어렵지 않고, 비용 부담이 적으며 모바일과 PC 양쪽 모두에 최적화된 홈페이지는 없을까 하는 고민을 한번쯤은 해보게 된다. 네이버는 이런 소상공인들의 고민을 해결해 주는 서비스로 네이버 홈페이지 modoo(모두)를 제공하고 있다. 비록 직접 만들어야 하지만 다섯 시간 정도만 투자하면 누구나 만들 수 있도록 쉽게 설계되어 있으며, 무엇보다 비용이 전혀 들지 않는다. 정해진 템플릿만을 사용하는 게 단점으로 지적되기도 하나 초보자에겐 오히려 이 점이 더욱 편리하게 인식되고 있다.

1) 네이버 modoo 홈페이지의 장점

네이버 아이디만 있다면 누구나 만들 수 있고 업종별로 맞춤형 템플릿이 제공되어 쉽게 완성할 수 있다. 원하는 대로 페이지를 추가하고 편집과 수정도 편리하다. 네이버 검색엔진에 최적화되어 있어 만들고 난 후에는 검색에도 자동으로 반영되어 웹사이트 영역에 자동으로 노출된다. 현재 업데이트가 멈춰 있는 것이 단점이긴 하지만 다른 네이버 채널들과 연결성을 갖고 있어 소상공인에게는 상당히 매력적인 채널이다. 개인의 경우 네이버 아이디 하나에 최대 3개까지 홈페이지를 제작할 수 있으며, 법인 아이디의 경우 10개까지 제작할 수 있다.

2) 네이버 modoo 홈페이지를 사용해야 하는 이유

페이스북, 인스타그램, 네이버 블로그 등으로 홍보를 하는 목적은 이런 다양한 채널들에 내 브랜드를 알려 관심을 이끌어서 매장까지 오도록 유인하는 것이다. 그리고 구매를 위한 마지막 단계에서 신뢰감을 줄

그림 4-22 네이버 스마트플레이스에 네이버 modoo 홈페이지가 노출된 화면
출처: 서관면옥 네이버 스마트플레이스

수 있는 정보가 담긴 거점이 필요한데 이 역할을 홈페이지가 하게 된다.

음식점의 경우 보통 네이버 스마트플레이스에서 구매결정을 바로 하게 되지만 플레이스상에서는 전화번호, 메뉴, 간단한 소개 내용만 담을 수 있다. 하지만 홈페이지를 만들면 사업자의 경영철학과 함께 좀 더 자세한 정보를 담을 수 있다.

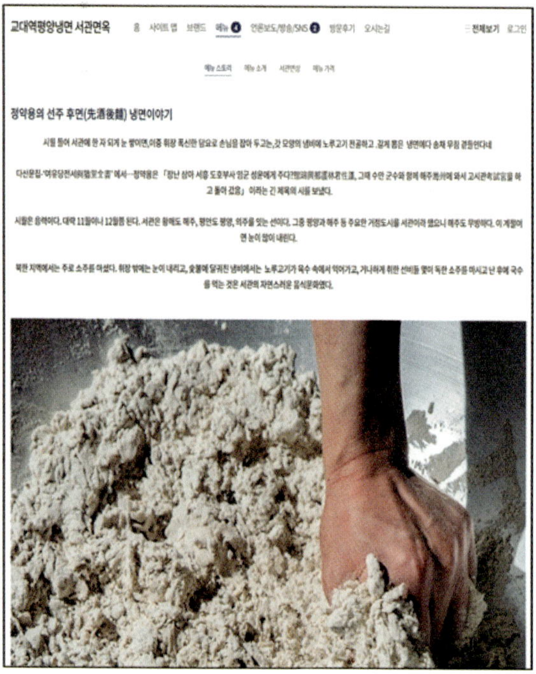

그림 4-23 네이버 modoo 홈페이지 메뉴스토리 카테고리

출처: 서관면옥 네이버 modoo 홈페이지(https://seogwanmyeonog.modoo.at/)

네이버 modoo 홈페이지를 만들고 운영하는 가장 큰 장점은 네이버 예약과 네이버 톡톡, 네이버 스마트플레이스와도 연결이 가능하므로 네이버 modoo 홈페이지를 중심으로 마케팅 플랫폼을 구축할 수 있다는 것이다. 교대역 평양냉면 전문점 서관면옥은 네이버 modoo 홈페이지를 중심으로 온라인 플랫폼을 잘 구축한 사례 중 하나이다. 〈그림 4-24〉에서 보는 것과 같이 네이버 스마트플레이스, 페이스북 페이지, 인스타그램 등에도 URL을 연동하여 홈페이지를 노출시키고 있다.

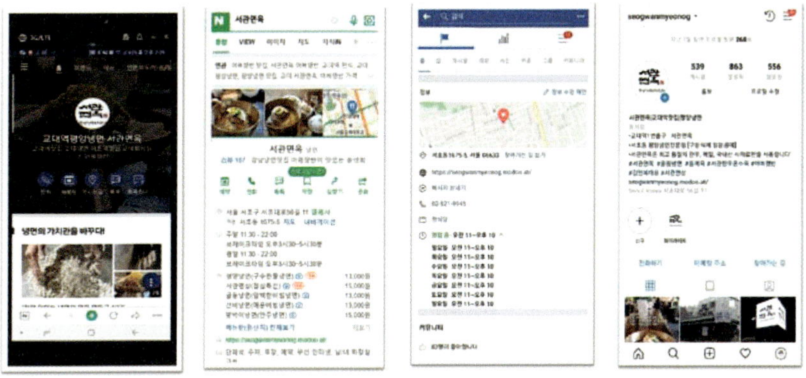

그림 4-24 서관면옥 네이버 modoo 홈페이지 연동 사례
출처: 서관면옥 네이버 modoo 홈페이지(https://seogwanmyeonog.modoo.at/)

네이버 modoo 홈페이지에서는 업종별 추천 서식을 제시하고 있는데 기본 템플릿은 〈그림 4-23〉과 같은 구조로 되어 있고 원하는 대로 페이지를 추가하거나 줄일 수 있다. 홈페이지 운영 초기에는 많은 것을 담기 어려우므로 핵심 페이지만 만들고 점진적으로 늘려가는 것이 좋다.

① 홈: 업체의 첫인상을 좌우하는 첫 번째 페이지
② 소개: 업체 소개와 사장님의 인사말을 보여주는 페이지
③ 메뉴: 음식점의 메뉴를 소개하는 페이지
④ 내부시설: 매장의 실내장식을 소개하는 페이지
⑤ 쿠폰/이벤트: 할인쿠폰과 이벤트를 홍보하는 페이지
⑥ 방문후기: 음식점을 방문했던 고객들의 진솔한 후기
⑦ 예약문의: 음식점 방문 예약을 위한 페이지
⑧ 오시는 길: 업체를 찾아오는 방법을 소개하는 페이지

그림 4-25 네이버 modoo 홈페이지 템플릿 구조

출처 : 네이버 modoo 홈페이지(https://www.modoo.at/home)

메뉴 페이지를 보면 메뉴 스토리, 메뉴 소개, 신메뉴 소개와 가격 등의 카테고리를 우선 만든 후 세부 카테고리를 만들어서 내용을 담을 수 있다.

그림 4-26 서관면옥 네이버 modoo 홈페이지 템플릿 구성 사례

출처: 서관면옥 네이버 modoo 홈페이지(https://seogwanmyeonog.modoo.at/)

3) 네이버 modoo 홈페이지 제작단계

네이버 modoo 홈페이지를 만들려면, 1단계로 〈그림 4-27〉과 같은 modoo 홈(https://www.modoo.at/home)에 접속해 네이버 아이디로 로그인한 후 간단한 인증절차를 거치면 이용할 수 있다.

modoo! 누구나 · 쉽게 · 무료로 만드는 홈페이지

그림 4-27 modoo 홈

2단계는 원하는 템플릿을 선택하고 사업 관련된 기본정보를 입력한다. 3단계는 페이지에 고객에게 전하고 싶은 브랜드의 스토리와 메뉴 등을 담아 편집을 한다. 마지막으로 검색이 가능하게 노출하면 된다.

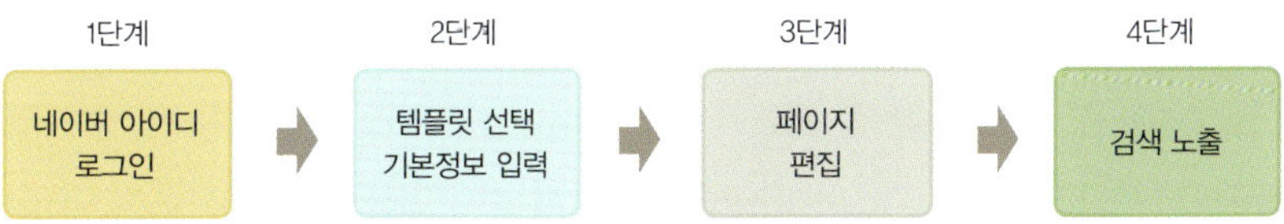

그림 4-28 네이버 modoo 홈페이지 제작단계 모형

네이버 modoo 홈페이지를 만드는 것은 기본 템플릿이 있기 때문에 어렵지 않다. 다만 홈페이지에 담을 정보는 어떻게 표현을 할지 조금 더 고민을 해봐야 한다. 그래서 만드는 과정 속에서 동종업계나 경쟁사의 홈페이지를 벤치마킹하면서 만들면 조금 더 완성도 높은 홈페이지를 만들 수 있다.

6. 네이버 예약 성공 사례

온라인 마케팅 전문가과정을 수료하였지만 실무에서 성과를 내지 못하는 경우가 종종 있다. 그들의 이유는 "시간이 없다"이다. 온라인 마케팅의 필요성은 인식하지만, 대부분 소상공인은 조리, 홀서빙, 배달 등 일인다역을 하므로 직접 온라인 마케팅을 할 시간이 없다. 하지만 이런 바쁜 일정에도 꾸준히 네이버 예약 채널을 활용하여, 결국 대박집이라는 결과를 얻은 곳이 있다. 바로 부산 서면에 위치한 조개요리 전문점 어쭈가 그 주인공이다. 서면 어쭈의 백신성 대표는 잘나가던 대기업 생활을 접고 작은 매장이라도 내 사업을 하겠다는 신념으로 외식업 시장에 뛰어들었다. 하지만 창업 초기에는 생각했던 것과 달리 장사가 안돼 힘든 시기를 겪었다. 이를 극복하기 위해 백신성 대표는 공부를 시작했고 그 결과 어쭈를 부산 서면을 대표하는 조개구이 전문점으로 성장시켰다. 그 비결 중 하나로 백신성 대표는 본인이 직접 네이버 예약을 관리하면서 고객과 소통하는 네이버 예약 시스템을 꼽았다.

그림 4-29 서면 어쭈 네이버 스마트플레이스

부산에서도 경쟁이 치열하기로 소문난 서면 상권에서 네이버 예약 시스템을 활용하여 2018년도에만 1,640건, 금액으로는 2억 원 이상의 매출을 올렸다. 2019년 현재도 네이버 예약을 통한 고객문의가 계속되는 비결이 무엇인지 백신성 대표에게 직접 들어 보았다.

Q 네이버 마케팅을 시작하게 된 계기는 무엇인가요?

잘 다니던 대기업을 그만두고 창업을 하면서 많이 불안했습니다. 서면의 중심상권에서 벗어난 위치에서 조개요리 아이템으로 창업을 했으므로 비수기인 여름에 어떻게 하면 모객을 잘할 수 있을까? 늘 고민이었습니다. 처음에는 온라인 마케팅 대행사의 도움도 받았지만 근본적인 문제가 개선되지 않았습니다. 반짝 손님이 몰렸지만 그때뿐이었지요. 또한 제가 전달하고 싶은 식당정보가 고객에게 제대로 전달되지 않는 문제도 있었습니다. 그래서 내가 공부해서 직접 하는 것이 답이겠구나 생각했어요.

Q 서면 어쭈의 네이버 마케팅 채널과 다른 업체 네이버 마케팅 채널과의 차별성이 있다면?

서면 어쭈가 경쟁점보다 월등히 네이버 마케팅 채널을 잘 활용하고 있다고 생각하진 않습니다. 다만 고객이 네이버에서 맛집을 검색해 매장에 찾아오기까지의 구매 여정에서 네이버 스마트플레이스의 역할은 매우 크다고 생각했습니다. 고객이 네이버 스마트플레이스를 검색해서 찾아오는 이유는 그 가게의 메뉴, 영업시간, 메뉴 사진, 리뷰를 보러 오는 것이기 때문에 플레이스상에 넣을 수 있는 모든 정보를 넣으려고 노력했습니다. 네이버 예약이나 네이버 톡톡, 네이버 modoo 홈페이지, 네이버 블로그를 직접 활용해본 것이 큰 경험이었고 이를 통해 차별화된 포인트를 찾아낼 수 있었습니다.

Q 서면 어쭈만의 네이버 마케팅 노하우가 있다면?

서면 어쭈만의 특별한 노하우는 아니지만, 네이버에서 제공되는 시스템이나 기능을 빠르게 활용해 사용하고 있습니다. 단기적인 성과보다는 장기적인 안목을 가지고 지속해서 시스템을 활용하다 보니 데이터가 축적되었어요. 그리고 축적된 데이터는 네이버 스마트플레이스 순위에 영향을 미치게 되었고, 자연스럽게 상위노출로 이어져 치열한 상권임에도 큰 비용을 들이지 않고 매우 큰 효과를 볼 수 있었습니다.

Q 네이버 마케팅 채널을 하기 전과 후 달라진 점이 있다면?

작은 매장이든 큰 매장이든 운영하면서 여러 가지 관리가 필요하다 보니 관리상의 문제점을 해결하는 게 쉽지 않았습니다. 네이버 마케팅 채널은 고객에게 다양한 정보제공과 함께 매장 접촉을 쉽게 함으로써 자연스럽게 고객과 소통하게 됩니다. 그 소통은 곧 매출로 이어지게 되었습니다. 그리고 네이버 마케팅 채널을 이용한 고객으로부터 받은 리뷰는 매장 입장에서 자칫 지나칠 수 있는 사소한 것들까지 캐치하게 해줘 고객불만을 해소하는 것은 물론 직원 교육 자료로도 활용하고 있습니다.

Q 외식업을 시작하시는 분들에게 조언을 해주세요.

장사 초기부터 온라인 마케팅을 위해 업체에 맡기기도 하고, 공부하면서 내 매장에 적용해 보기도 했지만, 아직 부족한 점이 많습니다. 오프라인보다 변화의 속도가 빠르고, 기술 또한 고도화되다 보니 따라가기도 쉽지 않습니다. 하지만 처음 외식업을 시작하는 분에게 감히 소견을 드리자면 온라인 마케팅에 앞서 내 매장의 콘셉트와 서비스 체계, 음식의 품질 등 음식점의 기본적인 요소를 철저히 점검 후 온라인 마케팅을 시작하라는 것입니다. 온라인 마케팅의 단점도 있습니다. 그 단점을 커버할 수 있는 솔루션도 충분히 생각하셔야 합니다.

그리고 한번에 상위노출을 시켜 대박을 터트린다는 기대보다는 장기적인 영업 전략의 한 방법으로 시작하시고, 주변의 모범 사례를 그대로 적용한다는 건 온라인 세상에 적응조차 되지 않은 분에게는 너무 높은 산이라 시작도 하기 전에 포기하게 될 수 있습니다. 실제로도 종종 보게 됩니다. 처음엔 그냥 편하게 접근한다고 생각하고 온라인 세상에 적응하면서, 나에게 맞는 콘셉트를 잡기 전까지는 당장 매출성과보다는 우선 재미를 찾는 게 중요한 것 같습니다.

같은 온라인 플랫폼을 사용하더라도 업종에 따라, 업체에 따라, 업태에 따라 방법이 워낙 다양해서 나에게 적합한 방법을 찾기까지 시간이 걸린다는 생각으로 여유를 가지고 온라인 세상에 친숙해지면 그리 어렵지 않으니 처음부터 걱정만 하시는 것보다는 실행이 더 중요한 듯합니다.

정리하기

01 소상공인이 온라인 마케팅에 실패하는 이유는 크게 두 가지이다. 하나는 필요성을 못 느껴서 대행사에만 의존하기 때문이고, 두 번째는 스몰 비즈니스 사업인데도 불구하고 너무 많은 채널을 활용하려고 동분서주하기 때문이다.

02 네이버 마케팅의 시작은 네이버 아이디 설계부터 해야 한다. 단순히 메일을 열어 보는 로그인용 아이디가 아니라 네이버 비즈니스 채널들을 하나의 아이디로 통일해야 한다.

03 네이버 스마트플레이스는 지역을 중심으로 점포들의 정보를 보여주는 서비스로 점포 간의 비교를 쉽게 만들어 소비자의 선택을 용이하게 하고 있다. 따라서 소비자가 점포와 처음 접촉하게 되는 공간인 네이버 스마트플레이스에서의 첫인상 관리는 필수이다.

04 네이버 스마트플레이스에는 통화량을 분석해 주는 스마트콜이 있어서 전년이나 전월과 통화량을 비교해 볼 수 있고, ARS 기능을 활용한 전화응대도 가능하다.

05 네이버 스마트콜의 특징 중 하나가 매체별로 가상번호(0507-0000-0000)를 발급하여 통화량을 측정해 주고 유입경로를 분석해 주는 것이다. 가상번호는 5개까지 만들 수 있다.

06 그동안 고객의 예약을 전화로 받고 장부에 기록했다면 24시간 응대가 가능한 네이버 예약을 추천한다. 고객 정보 획득은 물론 통계보고서를 무료로 지원해 줘서 우리 매장의 고객분석 자료로 활용할 수 있다.

07 네이버 예약을 사용하면 우리 매장의 네이버 스마트플레이스 하단에 실제 다녀간 고객의 예약 리뷰를 노출시킬 수 있어서 잠재고객들에게 신뢰감을 줄 수 있다.

08 네이버 검색엔진에서는 카카오톡 플러스친구보다는 네이버 톡톡 노출이 더 용이하며 별도의 앱 설치 없이 바로 1:1 상담을 할 수 있도록 설계되어 있다. 그러므로 신규고객은 네이버 톡톡, 기존 고객들은 카카오톡 플러스친구를 활용하는 것을 추천한다.

09 네이버에서 제공하는 네이버 modoo 홈페이지는 모든 소상공인들에게 무료이며 우리 매장의 소식을 알리는 정보의 거점이 될 수 있다. 그리고 모바일 화면과 PC 화면 모두 최적화되어 있어서 네이버 스마트플레이스에는 담지 못하는 우리 매장의 이야기들을 담을 수 있다.

연습문제

01 경쟁사나 평소에 관심을 가졌던 업체들의 네이버 플레이스를 벤치마킹해 보자.

네이버 스마트플레이스 벤치마킹 보고서				
조사항목		우리 점포	경쟁점포1	경쟁점포2
매장 대표사진				
매장 사진 수				
네이버 블로그 리뷰 수				
예약 리뷰 수				
한줄평가 점수				
예약	이벤트정보			
	당일예약 유무			
	예약시간 범위			
	알립니다 멘트			
톡톡	환영인사 멘트			
	FAQ(자주하는 질문)			
	AI (챗봇 사용)			
네이버 스마트콜 ARS 사용 여부				
메뉴 가격				
N예약 혜택				

종합 의견	
우리 점포	
경쟁점포 1	
경쟁점포 2	

02 우리 매장의 주요 키워드를 검색해서 네이버 스마트플레이스의 순위를 주간단위로 체크해 보자.

날짜	예약 리뷰수	네이버 블로그 리뷰수	1키워드	2키워드	3키워드	4키워드	인기 연령대
주간 단위			예) OO맛집 노출순위				

Chapter 05 소상공인을 위한 인스타그램 마케팅

CONTENTS ▶▶▶

CHAPTER 05

소상공인을 위한 인스타그램 마케팅

▶▶▶ **학습목표**

- 인스타그램의 개념과 용도를 설명할 수 있다.
- 고객 경험 바이러스의 시작을 위해 인스타그램을 활용할 수 있다.
- 인스타그램의 핵심기능을 설명할 수 있다.
- 우리 매장만의 인스타그램 콘셉트를 기획하고 활용할 수 있다.
- 효과적인 인스타그램 마케팅 방법을 설명할 수 있다.
- 잠재고객을 불러모으는 해시태그 활용법을 설명할 수 있다.
- 구공탄곱창 이유진 대표의 인스타그램 마케팅 성공 사례를 참고하여 자신의 점포에 적용할 수 있다.

1. 인스타그램이란 무엇인가?

인스타그램은 온라인 사진 공유 및 소셜네트워킹 서비스이다. "세상의 모든 순간을 포착하고 공유한다."라는 슬로건을 기초로 2010년 10월 미국 컴퓨터 프로그래머이자 사업가인 캐빈 시스트롬(Kevin Systrom)과 마이크 크리거(Mike Krieger)가 선보였다. 인스타그램은 인스턴트 카메

그림 5-1 인스타그램 예시
출처: 여행에 미치다. 공식 인스타그램

라와 텔레그램의 합성어이며, 사진과 동영상을 공유하는 3세대 소셜네트워크이다. 국내에는 연예인들이나 유명인사, 얼리어답터들만 쓰다가 2014년 이후부터 많은 사람의 관심을 받기 시작했다.

인스타그램을 이용하는 사용자라면 누구나 아는 사실이겠지만 다른 SNS와는 다르게 자신의 일상을 자연스럽게 올리는 용도로 많이 활용된다. 정보성 콘텐츠보다는 내 사진과 일상을 자연스럽게 올릴 때 인기가 더 많다. 그러다 보니 사람들은 조금이라도 더 관심을 얻기 위해 자신의 얼굴과 일상을 더욱 많이 노출하고 있다.

1) 스마트폰의 등장으로 변해버린 온라인 생태계

2010년 이전을 PC시대라고 한다면 2010년 이후는 모바일인터넷시대라고 한다. 2010년도부터 모바일인터넷시대가 된 계기는 2009년 아이폰이 국내에 도입되면서부터이다. 당시 사람들은 자유자재로 터치되는 아이폰의 터치스크린에 열광하였고 스마트폰이 대중화되는 시발점이 되었다. 자연스럽게 인터넷도 PC보다 모바일로 검색하는 조회 수가 증가하였다. 또한 다양한 모바일 앱과 SNS가 활성화되면서 사람들의 취향과 연령대에 따라서 SNS 사용자들도 세분되었다. 현 시점에서 가장 핫한 SNS로는 인스타그램을 꼽을 수 있다. 처음부터 모바일(아이폰) 전용 앱

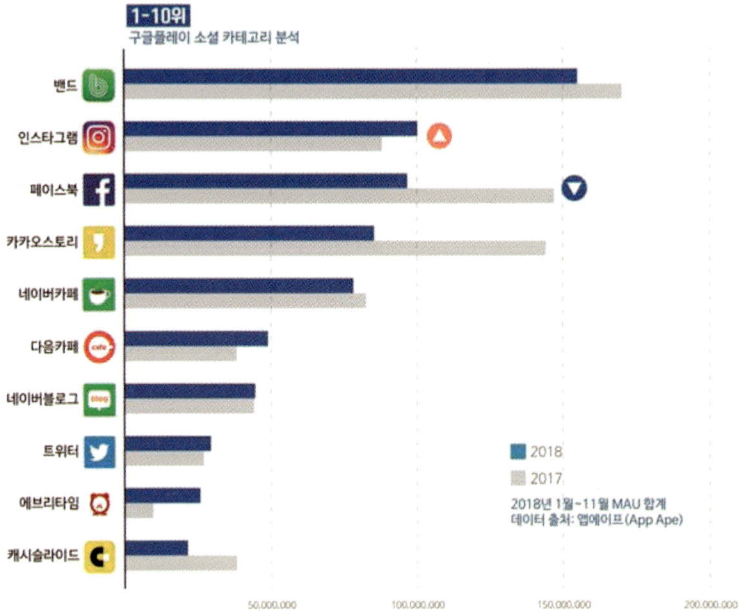

그림 5-2 2018년 국내 SNS 앱 이용자 수 비교

출처: 글로벌 앱 분석기관 앱에이프(https://ko.appa.pe)

으로 출시되었고, 스마트폰 보급률이 점차 높아지면서 자연스럽게 인스타그램을 이용하는 사용자들의 수도 상승하였다.

글로벌 앱 분석기관 앱에이프(App Ape)가 국내 안드로이드 스마트폰 사용자 20만 명을 대상으로 SNS 사용자들의 이용 현황을 표본조사한 결과 1위는 네이버밴드, 2위는 인스타그램, 3위는 페이스북으로 나타났다. 1위 네이버밴드와 3위 페이스북은 2017년 대비 사용자가 감소하였으나 인스타그램은 사용자 수가 증가하였다. 2018년 6월 모바일 앱 분석업체 와이즈앱에서 5월 한 달간 전국 2만 3000여 명의 안드로이드 스마트폰 사용자를 대상으로 SNS 앱 월 사용시간을 표본조사한 결과, 페이스북은

그림 5-3 안드로이드 스마트폰 분석 보고서

출처: 아시아경제 뉴스 (2018년 5월)

앱 사용시간 1위를 지켰지만 2017년보다 35%나 감소한 것으로 나타났다. 반대로 인스타그램의 사용시간은 15억 분으로 지난해보다 36% 성장했다. 페이스북과 비교하면 3분의 1 수준이지만 인스타그램은 가파르게 성장하고 있다.

2) 인스타그램에 사람들이 모이는 이유

플랫폼 사용이 무료이기도 하지만 초보자들도 버튼 몇 개만 눌러 보면 기능을 금방 익힐 수 있고 쉽게 사용할 수 있어서 유행을 선도해 나가는 10~20대 젊은 층들이 많이 몰리고 있다. 블로그처럼 최적화나 키워드, 텍스트를 많이 작성할 필요도 없고 그저 내가 좋아하는 관심사나 일상들을 사진이나 동영상으로 올리고 취향이 비슷한 사람들과 '좋아요'나 댓글로 소통만 하면 되기에 단순명료하게 표현할 수 있어서 단순함의 최고치라고 할 수 있다.

10~20대들을 타깃으로 대기업이나 소상공인 모두 인스타그램 마케팅을 진행하고 있으며 강한 바이럴 루프를 만들기 위해 인스타그램에서 영향력 있는 인플루언서들을 활용하는 것도 마케팅 트렌드로 자리 잡고 있다.

인스타그램의 핵심은 해시태그이다. 외식업의 경우 지역, 상권과 매장명, 메뉴 이름 등을 해시태그에 넣어 게시물을 올리거나 고객들이 올릴 수 있도록 이벤트를 진행하는 것도 하나의 방법이다.

3) 인스타그램 마케팅 어떤 콘셉트로 가야 할까?

(1) 어떤 메시지를 전달할 것인가?

단순히 채널을 하나 더 추가해서 원 소스 멀티 유즈(one source multi use)가 아닌 인스타그램 채널의 특성을 이해하고(단순한 표현, 사진, 동영상, 해시태그) 소비자에게 어떤 메시지를 전달할 것인지 고민해야 한다. 특성을 무시한 채 그냥 시작했다가는 낭패를 보기 십상이다. 시작하기 전 경쟁사나 같은 업종의 인기가 많은 인스타그램 계정을 찾아서 어떻게 운영하는지 세밀하게 관찰할 필요가 있다. 매일매일 올리는 시간대와 어떤 사진들을 올리는지, 어떤 방법으로 팔로워들의 반응을 끌어내고 소통을 하는지 벤치마킹을 해서 시작하려는 계정에 응용해야 한다.

(2) 최적화된 콘텐츠 구성은 무엇인가?

인스타그램은 블로그처럼 텍스트를 많이 쓰면 안 되고 사진과 영상을 중심으로 어필해야 한다. 그래서 시선을 사로잡을 사진과 동영상이 필요하다. 인스타그램은 사진 1장이나 동영상 1개로 어필해야 하며, '좋아요'의 댓글을 많이 얻는 사진들을 분석하여 업로드 해야 한다.

(3) 왜 신뢰와 소통이 필요한가?

인스타그램 마케팅을 시작하자마자 성과를 내기 위해 광고성의 글을 올리면 사람들이 꺼리게 된다. 처음 시작할 때는 구멍가게 마인드로 접근하여 댓글 하나하나에도 답글과 답방으로 소통해 주는 마음과 실행을 해야 신뢰와 친밀도가 쌓이므로 어느 정도 팔로워를 확보한 후에 광고를 시작해야 한다.

2. 고객 경험 바이러스 인스타그램으로 시작된다

인스타그램은 다른 SNS에 비해 시각적으로 표현력이 좋아야 하는 마케팅 채널이다. 그러다 보니 외식업에서는 홍보 효과를 톡톡히 누리고 있다. 음식의 맛보다도 희소성이 있고, 시각적으로 눈길을 끄는 메뉴 콘셉트를 기획하는 것이 더 중요해진 시대이다. 이런 메뉴를 찾아서 SNS에 공유하는 사람들도 늘고 있다. 트렌드에 맞춰 외식업도 화려한 비주얼을 갖춘 메뉴를 만들고 홍보하며 소비자의 요구에 발맞춰 가야 한다.

호주의 세븐일레븐에서는 과일음료와 얼음을 믹스한 Slurpee(슬러피)라는 제품을 코카콜라의 슬러시 음료와 경쟁하기 위해 다양한 마케팅을 진행했다. 2014년 코카콜라는 자사의 슬러시 음료를 2.9달러에서 1달러

그림 5-4 호주 세븐일레븐 SLURPEE xpandinator 이벤트

출처: https://fabawards.com/fab-entry/slurpee-xpandinator/

로 가격인하를 단행했다. 세븐일레븐은 가격인하 대신 양을 더 많이 주기로 결정하고 xpandinator라는 독특한 플라스틱 용기를 선보였다. 원하는 만큼 음료를 가득 담을 수 있는 것은 물론 원하는 스타일로 구매할 수 있도록 해주면서 SNS에 화제가 되었다.

세븐일레븐은 이 아이디어 하나로 전년 대비 270% 이상 매출이 증가하는 성과를 올릴 수 있었으며, 고객 경험의 차별화로 소비자들에게 좋은 반응을 얻었다. 인스타그램 마케팅을 하더라도 호주 세븐일레븐의 슬러피 사례처럼 독특하고 흥미로운 상품이라는 이미지를 심어준다면 경쟁사와 확연히 차별화할 수 있는 기회가 될 것이다.

그림 5-5 호주 세븐일레븐 SLURPEE 이벤트 사진

출처: 세븐일레븐 xpandinator 인스타그램 해시태그

현재 국내 외식업 마케팅은 80% 이상 네이버 검색 상위노출에 집중되고 있으며, 네이버 블로그와 인스타그램의 조합을 많이 쓰는 편이다. 인스타그램은 SNS에서 잠재고객들에게 관심을 유도하는 호객행위 역할을 하며, 블로그 후기글은 구매 불안감을 제거해 주고, 구매를 결정지어 준다. 소비자들은 음식점의 블로그 후기글들은 대부분 광고성 글이라고 인식하고 있다. 이로 인해 검색 노출되는 콘텐츠의 신뢰도는 예전과 달리 많이 떨어진 편이다. 젊은 층들은 블로그 후기글보다는 인스타그램의 사진과 영상을 더 신뢰하는 편이다. 지금은 실제 방문자가 올린 인스타그램의 사진과 짧은 후기글들을 살펴본 후 매장을 찾아가는 것이 젊은 층에게 하나의 문화로 자리 잡아가고 있다.

1) 평양냉면 전문점 서관면옥의 인스타그램

서울 교대역 인근에 위치한 평양냉면 전문점 서관면옥은 2018년 6월에 오픈한 매장으로 인스타그램을 통해 고객들과 소통하는 곳이다.

서관면옥은 평양냉면 전문점으로서는 다소 후발주자이지만 인스타그램을 통해서 평양냉면 애호가들과 적극적으로 소통하고 있다. 서관면옥 인스타그램의 특징은 아침 개점과 함께 사진을 올리고, 점심 타임 전과 후, 저녁 타임 전과 후에 매일매일의 서관면옥 소식을 올리고 있다. 이제 음식점의 가치는 한 끼 식사에 머물지 않고 확장되어야 한다. 즉, 미디어와 콘텐츠가 연결되어야 한다. 아마존의 제프 베조스(Jeffrey Bezos)는 과거에는 좋은 제품을 만드는 데 30%의 시간을, 알리는 데 70%의 시간을 사용했지만 향후에는 그 반대가 되어야 한다고 선언한 바 있다. 즉, 최고의 고객 경험을 통해 스스로 바이러스가 되도록 돕는 것이 마케팅의 역할이 되었다.

그림 5–6 서관면옥 인스타그램 계정

출처: 서관면옥 인스타그램(https://www.instagram.com/seogwanmyeonog/)

2) 판매는 끝이 아닌 시작

과거에는 광고를 통해 음식을 팔면 끝이었다. 특히 관광지에 있는 음식점들은 한번 식사를 하고 가면 음식점과 소비자의 관계는 끝난다고 생각했다. 하지만 지금은 음식점을 찾아오면서 소비자와의 관계가 시작된다. 여기서 소비자의 구매경험은 그대로 SNS를 통해 다른 많은 소비자에게 공유된다. 좋은 경험을 했다면 또 다른 방문자를 불러들이고, 부정적인 경험을 했다면 고객의 발길을 돌리게 하는 시작점이 되는 것이다. 이 점을 명심해야 한다.

3) 경험의 특성

우리는 경험을 비밀로 간직하지 않는다. 제품에 대한 경험은 더욱 그렇다. 이 경험은 타인에게 정보가 된다. 의사결정을 도와주고 시간을 벌어준다. 경험의 공유는 일상생활에서 수도 없이 광고로 작동한다. 이 부분에서 전문경영인은 고객과의 접점 MOT(Moment of truth)에 집중하며, 최상의 경험을 제공하려고 노력한다. 최고의 경험을 한다면 고객 스스로가 판매 담당자가 되어줄 것임을 알고 있기 때문이다.

그렇다면 어떤 경험을 전달할 것인가? 페이스북, 카카오톡, 인스타그램, 트위터 등은 모두 연결이라는 공통점을 갖고 있다. 이야기를 나누는 식당이나 커피숍에서의 경험이 SNS를 통해 연결된다. 미디어는 계속 진화하고 있다. 그러므로 이제는 판매에 그쳐서는 안 되며 고객들의 좋은 경험을 유도하기 위한 메뉴와 마케팅 기획이 뒷받침돼야 한다. 외식사업자가 음식만이 아닌 SNS에 관심을 가져야 하는 이유가 여기 있다.

3. 인스타그램의 핵심기능 알아보기

목표를 정했다면 계정을 선택해야 하는데 인스타그램은 개인 계정으로 시작해서 광고와 통계를 볼 수 있는 비즈니스 계정으로 전환할 수 있다. 먼저 인스타그램 가입 후 제일 먼저 해야 할 일은 프로필 세팅이다. 사용자들이 들어왔을 때 가장 먼저 보는 곳이 프로필 영역이므로 내 계정을 최대한 어필할 수 있도록 프로필 영역을 세팅해야 한다. 먼저 프로필 수정을 누른 후 [사진 변경]을 클릭하여 이미지를 등록하고, [이름]

영역에는 자신의 이름이나 브랜드명을 넣어주면 된다. 프로필의 이름은 인스타그램의 검색에 노출되기 때문에 브랜드명이나 이름 외에 연관 키워드를 삽입해 주는 게 좋다. 예를 들어, 화정역 인근에서 음식점을 운영 중이라면 '화정역맛집 세겹집'으로 넣으면 된다. 사용자 이름은 계정 가입 시 설정하는 아이디이며 매장과 연관되는 문구로 변경하는 것이 좋다. 예를 들어 매장 이름이 세겹집이라면 계정이름도 'segyupzip'으로 정하여 오랫동안 기억에 남도록 하는 것이 좋다.

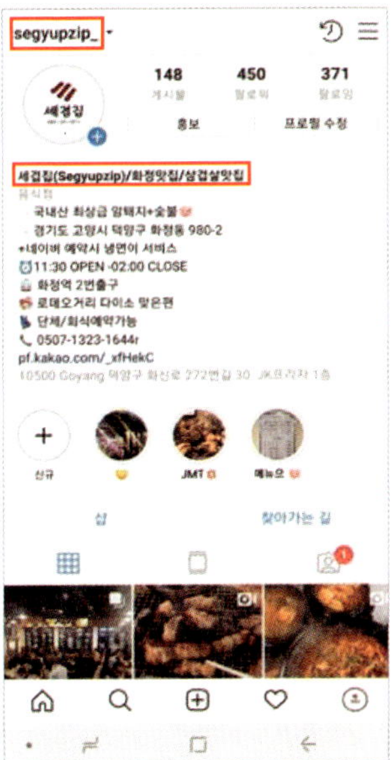

그림 5-7 프로필 영역

그림 5-8 프로필 수정 영역

출처: 세겹집 인스타그램(https://www.instagram.com/segyupzip_)

인스타그램은 프로필 영역에는 1개의 링크 연결이 가능하고 게시글 본문이나 사진에 외부 링크가 제한된다. 그러므로 현재 운영 중인 블로그나 홈페이지, 카카오톡 플러스친구, 네이버 스마트플레이스 중에서 유리한 채널을 항목에 넣으면 된다. 인스타그램은 2018년 5월부터는 쇼핑 태그 기능이 추가되어 비즈니스 계정을 통해 사진 속에도 링크를 첨부할 수 있다.

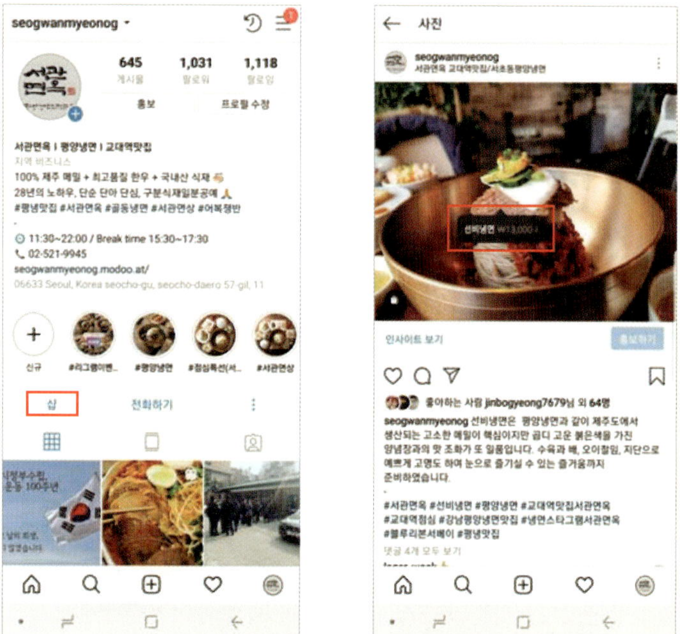

그림 5-9 인스타그램 쇼핑태그 활용 사례

출처: 서관면옥 인스타그램 비즈니스 계정

프로필 영역을 세팅했다면, 인스타그램의 기능인 팔로워, 팔로우, 팔로잉, 해시태그의 개념에 대해서 알아보자. 팔로우는 친구추가를 의미한다. 팔로워는 나를 친구로 추가한 사람이며, 팔로잉은 내가 친구로 추가한 사람이다. 팔로워들은 나의 추종세력으로써 내 소식을 받아볼 수 있고, 나는 팔로잉으로 다른 사람들의 소식을 볼 수 있다. 선팔은 내가 먼저 상대방에 친구추가를 신청하는 것을 의미하며, 맞팔은 내가 팔로우를 맺으면 상대방도 팔로우를 신청하는 것을 의미한다. 이때 서로가 팔로잉 맞팔이 되는 것이다. 추종자 탈퇴는 팔로우 취소의 약자로 팔로우한 것을 취소하는 것을 뜻한다.

인스타그램에서 해시태그는 게시물을 모아서 보여주는 역할을 한다. 인스타그램에 사진이나 동영상을 올릴 때 특정 단어나 문구 앞에 해시(#)를 붙여 연관된 정보를 한곳에 묶을 때 사용한다. 처음에는 관련 정보를 묶는 정도의 기능이었지만 지금은 검색에서 노출이 되기 위한 용도로도 쓰이고 있다. 잠재고객은 찾아오기도 하지만 찾아가기도 해야 한다. 고객을 세분화시켜 보면 인스타그램에서도 목표 고객을 찾을 수 있다. 해시태그가 잠재고객을 찾기 위한 단서이기도 하다.

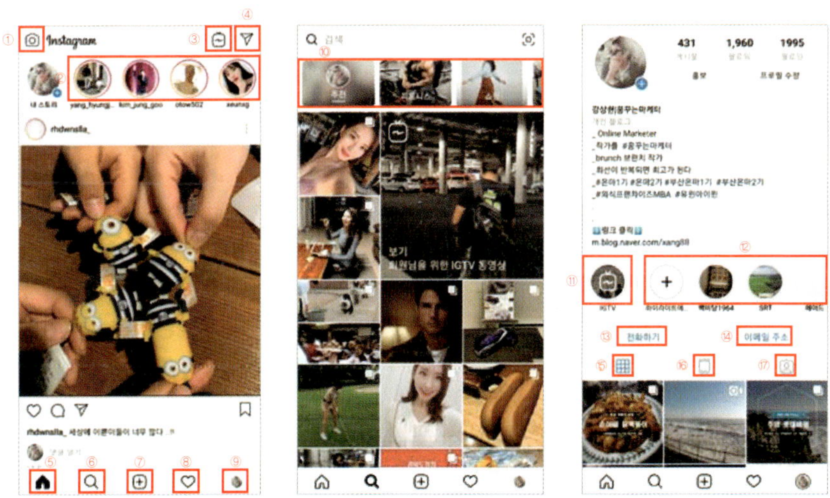

그림 5-10 인스타그램 버튼 위치

① 이야기: 소소한 일상을 24시간 동안만 공유할 수 있는 기능으로 텍스트나 사진, 동영상, 라이브 방송 등을 다양한 이모티콘을 첨부하여 올릴 수 있는 기능이다.

② 스토리 피드: 인스타그램 팔로잉을 한 친구들의 스토리를 볼 수 있는 영역

③ IGTV: 팔로우가 올린 IGTV의 영상을 확인할 수 있다.

④ DM: 인스타그램 사용자들에게 메시지, 사진, 동영상들을 보낼 수 있는 기능이다.

⑤ 홈: 팔로잉을 한 인스타그램 친구들의 게시물을 볼 수 있다.

⑥ 검색 및 둘러보기: 검색 탭에서 사람과 해시태그 장소를 검색할 수 있다. 둘러보기 피드 영역에서는 관심사, 팔로우, 저장한 사진을 기반으로 유사한 게시물을 자동으로 노출시켜 준다.

⑦ 게시물 등록: 스마트폰에 있는 사진이나 동영상을 선택하여 바로 업로드할 수 있다.

⑧ 활동: 내 게시물에 좋아요를 누르거나 댓글을 단 사람들이 표시되며, 팔로잉 탭을 누르면 인친들의 최근 활동들을 확인할 수 있다.

⑨ 내 프로필: 버튼을 누르면 내 프로필 영역으로 화면이 전환된다.

⑩ 추천, 업종별 게시물 보기: 추천 게시물이나 업종별로 추천해 주는 게시물을 확인할 수 있다.

⑪ IGTV: 인스타그램의 유튜브로 1분 이상의 영상물을 올릴 수 있으며 별도의 앱을 설치해야 한다.

⑫ 하이라이트: 스토리에 올렸던 게시물을 별도로 저장할 수 있는 기능이다.

⑬ 전화하기: 비즈니스 계정으로 전환을 하게 되면 프로필 영역 하단

에 전화하기 버튼을 추가할 수 있다.

⑭ 이메일 주소: 비즈니스 계정을 선택하면 이메일 주소 버튼을 추가할 수 있다.

⑮ 바둑판 배열 보기: 인스타그램 게시물을 바둑판 배열 형식으로 볼 수 있다.

⑯ 리스트형 보기: 게시물을 페이스북의 타임라인 형태처럼 볼 수 있다.

⑰ 내가 태그된 사진: 다른 사람이 나를 태그한 사진만 모아서 보이는 영역이다.

인스타그램의 중요한 기능들을 간단히 살펴봤다. 기능은 이렇게 한 번씩 설명을 듣고 능수능란해질 때까지 반복 실행하면서 익혀 나가야 한다. 직접 해보면서 익혀야 더 빠르게 실력을 키울 수 있다. 하지만 인스타그램 마케팅에서 중요한 것은 기능을 잘 다루는 것보다 고객을 모으고 구매전환으로 끌어낼 수 있는 실전 전략이다.

4. 인스타그램 대 페이스북, 같으면서도 다른 성격의 SNS 플랫폼

인스타그램과 늘 비교되는 것이 페이스북이다. 태생은 다르지만 같은 회사이기도 하며 국내에서는 제일 많이 사용하는 SNS 플랫폼이 페이스북과 인스타그램이기 때문이다. 그렇다면 인스타그램과 페이스북의 차이점에 대해서 알아보도록 하자.

표 5-1 페이스북 대 인스타그램 기능 비교

구분	페이스북	인스타그램
가입조건	실명계정 휴대전화, 이메일 등록	비실명 가능 이메일만으로 계정 생성
계정	1인 1계정 필수	1개의 휴대전화로 5개 계정 동시 운영 가능
링크	게시물 링크 가능	프로필 영역에만 1개 가능하며 게시물 링크 불가능 (제품태그 생성 시 가능)
공유	게시물 공유 가능	게시물 공유 불가능 (리포스트앱 사용 시 가능)

출처: 안희곤 (2018). 4차 산업혁명시대 온라인 생존마케팅. 리텍콘텐츠.

1) 가입 조건

페이스북과 인스타그램은 계정 가입 조건부터 정반대의 성향을 보인다. 페이스북은 실명으로만 가입이 가능하며 본인의 생년월일과 휴대전화와 이메일로 실명인증을 하고, 3일 뒤 다시 실명인증을 하게 되어 있어서 계정 보안이 철저하다. 반면 인스타그램은 이메일만으로도 계정 생성이 가능하며 비실명 기반이다.

2) 계정 생성(가입 조건)

페이스북은 1인 1계정이 원칙이며 추가로 만들기 위해서는 다른 사람의 개인정보를 이용해야 한다. 하지만 인스타그램은 5개까지 만들 수 있고 한 대의 휴대폰으로 동시에 운영해도 문제가 없어 인스타그램 마케팅을 하는 데 활용가치가 크다.

3) 게시물 링크

페이스북은 게시물마다 링크(URL)를 삽입할 수 있는 반면에 인스타그램은 프로필에 하나의 링크만 넣을 수 있다. 링크는 아무거나 넣을 수 있으니(블로그, 홈페이지, 카카오톡 플러스친구) 가장 필요한 링크를 넣는 것이 중요하다.

4) 게시물 공유

페이스북은 게시물 공유를 통한 콘텐츠 확산에 유용한데 인스타그램은 공유 기능이 없다. 그래서 별도의 앱(리포스트, 리그램) 등을 사용해야만 공유할 수 있다. 이처럼 인스타그램과 페이스북은 같은 회사이면서도 플랫폼의 성격 자체가 다르다. 로컬매장의 경우 이 두 가지 채널의 장점을 혼합하여 온라인 마케팅을 진행해야 한다. 페이스북의 경우 인스타그램에 비해 익혀야 할 기능들이 너무 많고 어려워서 소상공인들이 활용하기는 어려운 측면이 있다.

〈그림 5-11〉에서 보는 것과 같이 업로드 방식부터 다르다. 인스타그램은 이미지를 먼저 선택하고 텍스트를 작성하는 방식이고, 페이스북은 텍스트를 먼저 작성한 후 이미지를 고르는 방식이다. 인스타그램은 페이스북과 다르게 텍스트보다는 이미지로 어필해야 한다.

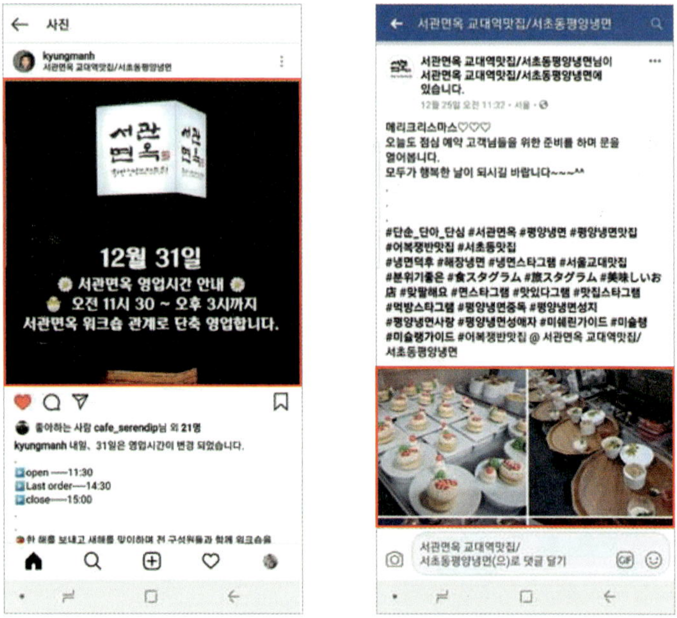

그림 5-11 인스타그램 대 페이스북 업로드 화면

5. 효과적인 인스타그램 마케팅을 위한 6가지 방법

인스타그램은 시각 자료 중심의 소셜네트워크이다. 핀터레스트와 마찬가지로 인스타그램도 내장형 유틸리티를 갖추고 있다. 즉 이들이 해야 하는 본업인 훌륭한 모바일 사진을 찍을 수 있게 도와주는 일을 정말 잘한다는 뜻이다. 국내 4대 SNS 중에서 인스타그램은 단언컨대 대세 SNS라고 할 수 있다. 심지어 연예인들도 이제 데뷔 전 필수로 인스타그램 교육을 받고 국내외 팬들과 SNS로 소통하려고 노력한다. 20여 년의

가수 생활을 하면서 눈에 띄는 성과를 보여주지 못했던 가수 윤종신은 SNS를 통해 대박을 이루어낸 사례이다. 그가 음원 홍보를 위해 했던 것은 대형 페이스북 페이지 딩고에서 라이브 1회와 유희열의 스케치북에서 1회 방송한 것뿐이다. 그가 음원 제작비로 사용한 것은 700여만 원, 그 외에는 입소문처럼 SNS를 타고 스멀스멀 퍼져나간 것뿐이다.

연예인의 사례를 들었지만, 현실적으로 일반인들이나 소상공인이 벤치마킹해야 할 것은 동일 업종의 경쟁사나 개인들이 인스타그램을 어떻게 이용하고 있는지 확인하는 것이다. 지난 8년간 인스타그램은 8억 명 이상의 활동적인 이용자들을 확보했고, 한국에서도 DMC 이용행태 보고서 조사결과에 나온 것과 같이 눈에 띄게 이용자들이 증가하고 있다. 이런 통계가 소상공인들에게 주는 의미는 무엇일까?

바로 잠재고객이 인스타그램을 사용하고 있을 확률이 높으며 매일매일 잠재고객에게 접근할 수 있음을 알 수 있다. 인스타그램을 통해서 고객을 찾아가고 끌어들이려면 어떻게 해야 할지 효과적인 인스타그램 마케팅을 위한 6가지 방법에 대해 알아보도록 하자.

1) 인스타그램 마케팅의 전략을 세워라

인스타그램으로 이루고 싶은 것은 무엇인지 정해야 한다. 판매를 위한 것인지 브랜딩을 위한 것인지 정해야 한다. 인스타그램은 외부 링크를 허용하지 않지만, 2018년 조부터 쇼핑 태그 기능을 도입하여 판매사업자들의 구매 과정을 간소화할 수 있게 되었다. 이런 기능적 개선들을 고려하여 사업자는 인스타그램 마케팅으로 어떤 전환을 이룰 것인지(홈페이지 방문 유도, 브랜드 인지, 해시태그 노출) 목표를 세우고 세부 전략을 세워야 한다.

그림 5-12 페이스북 커뮤니티 커넥트 미디어 간담회 현장

출처: 여성경제신문 (2018. 5. 31).
(http://www.womaneconomy.kr/news/articleView.html?idxno=62445)

지난 2018년 5월 31일 K현대미술관에서 열린 페이스북 커뮤니티 커넥트 미디어 간담회에서 인스타그램 마케팅 디렉터 수잔 로즈는 한국에 쇼핑 태그를 도입하겠다고 발표하였다.

다른 SNS 채널들과 다르게 인스타그램은 프로필 영역에만 1개의 링크(URL)를 첨부할 수 있어서 그동안 인스타그램에서 비즈니스를 하는 사업자들이 게시물마다 링크가 첨부되지 않는 데 따른 불편을 호소했다. 그러나 2018년 6월부터 출시된 쇼핑태그 기능은 고객의 구매단계를 간소화시켜 이탈률을 줄이고 구매전환율을 높여주는 효과를 가져왔다. 출시된 지 1년이 갓 지나 인스타그램 쇼핑태그를 세팅하는 데는 아직 많은 어려움이 있어 소상공인들의 활용도가 떨어지는 문제점도 있다. 하지만 이런 어려움이 있더라도 인스타그램에서 제품을 소개하고 구매까지 연결할 수 있는 쇼핑태그는 반드시 활용해야 하는 기능이다. 쇼핑태그 사용방법은 6장 페이스북 중 4. 페이스북 페이지 샵 기능과 인스타그램 연동하기를 참고하기 바란다.

2) 경쟁사를 반드시 분석하라

'지피지기면 백전불패'. 적을 알고 나를 알면 절대 질 수 없는 법이다. 먼저 인스타그램을 운영 중인 경쟁사들을 찾아 소비자를 어떤 콘텐츠로 사로잡고 있는지, 고객은 어떤 반응을 보이는지, 우리가 세운 전략과 겹치는 것은 없는지 분석해 보는 시간이 필요하다.

3) 인스타그램처럼 보이게 하라

사람들이 인스타그램을 좋아하는 이유는 지금까지 그곳에서 본 게시물의 품질이 괜찮았기 때문이다. 광고나 흔한 사진을 보려고 인스타그램을 찾는 사람은 없다. 인스타그램의 네이티브 콘텐츠는 상업적이지 않고 예술적이다. 콘텐츠를 통해 여러분의 상업적인 면을 드러내는 것이 아니라 진짜 모습을 표현해야 한다.

4) 이미지 콘셉트 정하기

인스타그램 마케팅 운영전략이 세워졌다면 이것저것 담으려고 하지 마라. 정작 중요한 것을 전달하지 못할 수도 있다. 특히 이미지가 중구난방이라면 매력적이지 않기에 좋은 주제로 운영하는 것이 한 눈에 고객에게 매력을 어필하는 방법이다.

5) 고객이 찾아오게 만드는 해시태그를 반드시 사용하라

인스타그램에서 핵심은 해시태그다. 고객이 찾아올 수 있는 해시태그를 사용해야 효과를 볼 수 있다. 그렇지 않고 중구난방 사용한다면 게시물만 지저분하게 만들 뿐이다. 해시태그를 클릭하면 같은 해시태그를 달고 있는 이미지들이 모두 모여 있는 페이지로 이동한다. 해시태그는 사람들이 내 브랜드를 발견하기 위해 거치는 입구다. 이것이 없으면 결코 남들 눈에 띄지 못할 것이다.

6) 개성이 돋보이는 이미지를 사용하라

사진을 올릴 때 피드의 통일성을 깨지 않으면서 눈에 확 들어오는 이미지를 사용하는 것이 중요하다. 단순히 예쁜 사진이 인기 있는 것은 아니다. 독특하고 매력적인 사진, 브랜드의 개성이 돋보이는 사진이 중요하다. 많은 말보다 한 컷의 이미지로 대결해야 하는 만큼 어떻게 찍어야 주목을 받을 수 있는지 고민해야 한다.

인스타그램은 매일매일 자주 접속할수록 더 많은 고객이 내 콘텐츠를 보게 될 것이고, 그 중 관심 있는 고객들은 구매로 연결될 것이다. 특히 시각적으로 많이 어필할 수 있는 외식업의 경우 인스타그램은 선택이 아닌 필수로 시작해야 하는 마케팅 채널이다.

인스타그램 팁

인스타그램 관련 사이트

인스타그램 고객센터 https://help.instagram.com
인스타그램 비즈니스 블로그 https://business.instagram.com/blog
인스타그램 페이스북 https://www.facebook.com/instagramKorea

6. 고객을 불러모으는 해시태그 활용법

해시태그는 검색해서 게시물을 쉽게 찾기 위해 도입된 기능으로 해시태그를 통해 사진이나 영상들을 쉽게 찾을 수 있다. 해시태그는 트위터에서 처음 사용되었으나 인스타그램을 통해서 대중적인 단어가 되었다. 인스타그램 마케팅에서 해시태그는 필수이기 때문에 이를 활용한 마케팅 방법에 대해서 알아보려고 한다.

1) 해시태그의 역할

인스타그램에서 해시태그는 게시물을 모아서 보여주는 역할을 한다. 인스타그램에 사진이나 동영상을 올릴 때 특정 단어나 문구 앞에 해시'#'를 붙여 연관된 정보를 한곳에 묶을 때 사용한다. 처음에는 관련 정보를 묶는 정도의 기능이었지만, 지금은 검색에서 노출이 되기 위한 용도로도 사용되고 있다. 이를 통해 잠재고객들을 불러모을 수 있는 것이 해시태그이다.

고객을 세분화시켜 보면 인스타그램에서도 목표고객을 찾을 수 있으며 해시태그가 잠재고객을 찾기 위한 단서이기도 하다. 해시태그를 통해서 인스타그램 사용자들이 어떤 것에 관심이 있는지를 예측할 수 있고, 관심이 있는 사람들만 따로 분류해서 확인할 수도 있다. 인스타그램 마케팅의 장점이 여기에 있다. 불특정다수가 존재하는 SNS상에서 해시태그를 통해 타깃을 분류할 수 있기 때문이다.

2) 가장 공평한 마케팅 채널

인스타그램에는 블로그처럼 최적화, 지수라는 것이 없으므로 시작과 동시에 누구든 공평하게 노출될 기회를 갖는다. 특정 해시태그를 검색했을 때 노출되는 영역은 인기 게시물과 최근 게시물이다. 이 영역에서 인기 게시물은 '좋아요'나 댓글, 조회 수 등의 반응도에 따라 순위가 결정되지만, 최근 게시물은 이와 상관없이 올린 순서대로 보여지기 때문에 동등한 기회를 얻게 된다.

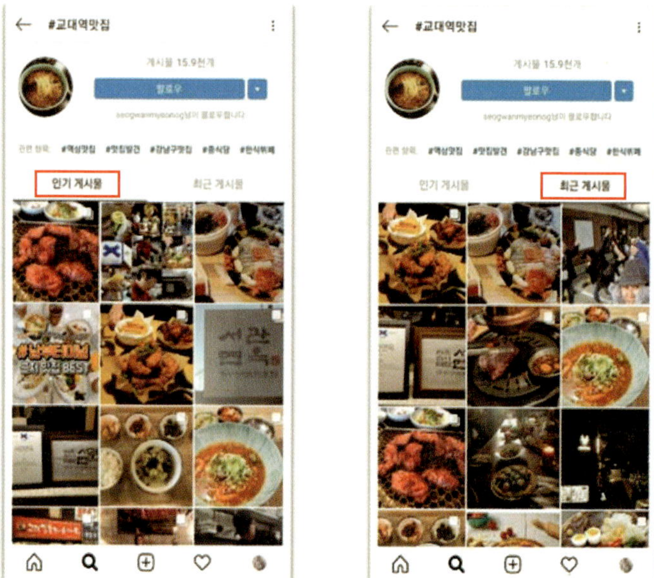

그림 5-13 #교대역맛집 해시태그 인기 게시물과 최근 게시물

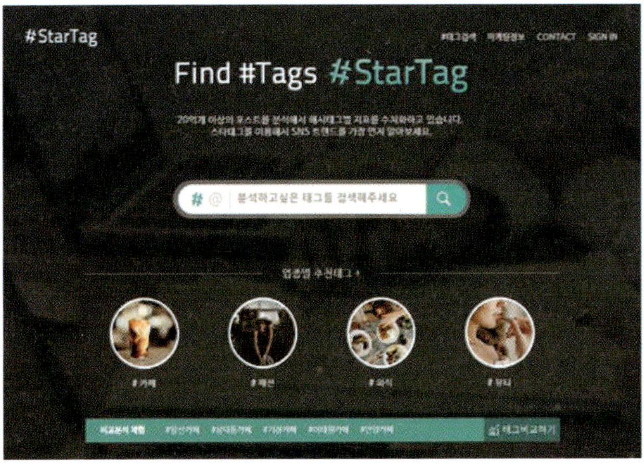

그림 5-14 스타태그 메인 페이지

출처: 스타태그(https://startag.io/)

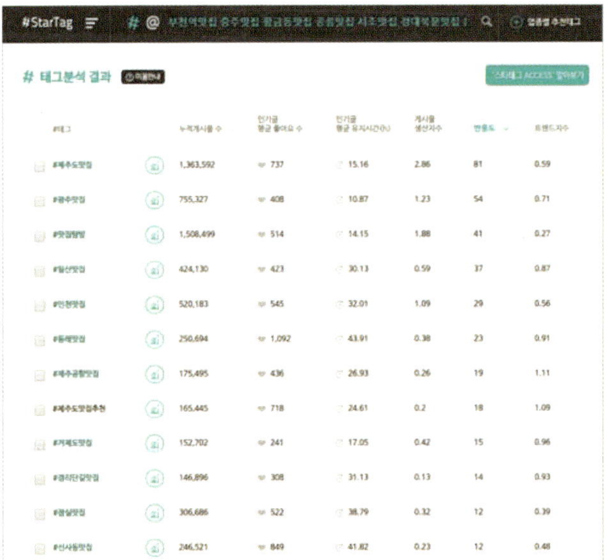

그림 5-15 스타태그 분석결과

출처: 스타태그(https://startag.io/)

그 외에도 사용하려는 해시태그 수를 확인하여 사용하는 방법도 있다. 검색한 해시태그가 많을수록 사람들이 많이 사용하는 것이기 때문에 검증된 단어라고 할 수 있다. 또한, 많이 사용되는 해시태그 밑에는 좀 더 구체적인 세부 해시태그들이 존재한다. 예를 들어 '#교대역맛집'이라는 해시태그가 많다면 그 밑에는 '#교대역맛집추천'이나 '#교대역냉면' 등 추가적으로 소비자 요구가 드러나는 해시태그들을 발굴해서 사용할 수 있다.

무료로 인스타그램 해시태크를 분석해 주는 스타태그(http://startag.io)라는 사이트가 있다. 사이트에 접속하여 사용하려는 해시태그를 입력하면 누적게시물 수, 인기글 평균 좋아요 수, 인기글 평균 유지시간, 반응도, 추세 지수 등을 확인할 수 있다.

외식업에서 인스타그램 마케팅을 위해서 인증사진과 함께 제시하는 해시태그를 올려주면 서비스 메뉴를 제공하는 이벤트를 많이 활용하고 있다. 잠재고객들이 해시태그를 보고 매장에 찾아온다는 것을 역이용하는 것이다. 오창읍에 위치한 꾸본석갈비는 해시태그를 활용하여 잠재고객에게 게시물이 노출될 수 있도록 오창맛집, 오창회식 등 상권 내에서

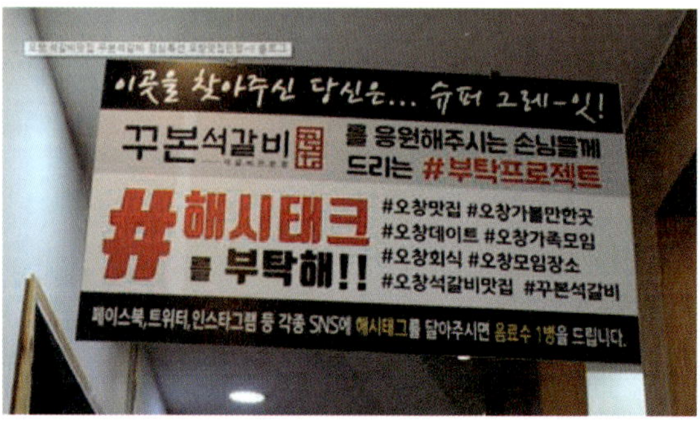

그림 5-16 오창읍 꾸본석갈비 인스타그램 이벤트

잠재고객들이 사용할만한 해시태그를 활용한 이벤트를 진행하고 있다.

사람들이 그동안 네이버를 통해서 맛집을 찾았으나 이제는 신뢰도가 많이 떨어지면서 '오창맛집'이라는 단어를 네이버가 아닌 인스타그램에서 검색하여 매장을 찾아오게 되는 것이다. 소비자는 네이버 블로그 후기보다는 광고성 글이 적다고 믿기 때문에 인스타그램 게시물을 더 신뢰하는 경향을 보인다. 정리하자면 이제 소상공인 사업자들은 업종과 관계없이 인스타그램을 필수적으로 사용해야 한다. 다만 위에서 다룬 것처럼 해시태그를 통해 고객을 분류하고 잠재고객들을 찾아서 고객이 찾아오도록 해야 한다.

7. 인스타그램 마케팅 성공 사례

소상공인 음식점들도 인스타그램 공식계정을 열어 고객들과 소통하며 매장을 홍보하고 있다. 상권마다 비중은 조금씩 다르지만, 그동안 네이버에 의존했던 맛집 검색이 지금은 SNS를 통해서도 정보를 얻기 때문이다. 홍대에서 곱창 전문점을 직접 운영하는 이유진 대표는 서울에서 경쟁이 가장 치열한 홍대 상권에서 인스타그램 마케팅을 통해 매장 홍보를 하며 고객들과 SNS에서 소통하는 외식경영자이면서 마케팅 전문가이다. 홍대 음식점 경영주들 대부분은 대행사에 온라인 마케팅을 맡기지만 이유진 대표는 매일 매장에 출근해서 일상과 매장 일을 인스타그램에 올리면서 기대 이상의 효과를 얻었다.

현재는 외식 프랜차이즈 MBA 대학원에도 진학하여 외식경영을 공부하고 있는 이유진 대표의 인스타그램 운영 이야기를 들어보도록 하자.

- 인스타그램 주소: https://www.instagram.com/90tan4310
- 계정이름: 홍대맛집/합정맛집/구공탄곱창
- 2019년 1월 2일 기준 게시물 847, 팔로워 1905, 팔로잉 720
- 일평균 게시물 업로드 수 2~3개

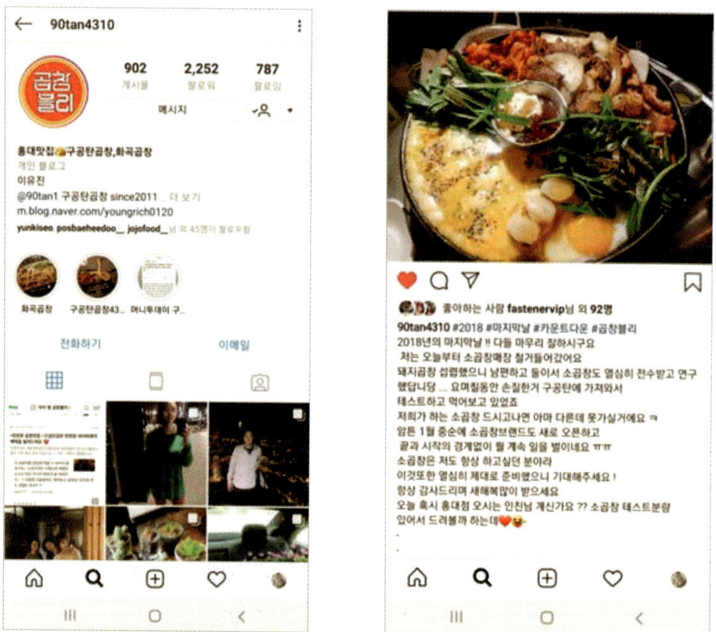

그림 5-17 홍대 구공탄곱창 인스타그램

출처: 인스타그램 곱창블리(https://www.instagram.com/90tan4310/)

Q 이유진 대표님의 인스타그램을 소개해 주세요.

안녕하세요, 구공탄곱창 4310이라는 브랜드를 2011년부터 운영 중입니다. 인스타그램은 2018년 2월부터 본격적으로 시작했고, 그 전에는 매장 사진, 가끔 강아지 사진 등을 업로드했지만 반응이 없었어요. 아무리 반복해도 고객과의 소통은 0% 계정이었죠.

지금도 팔로워 수는 많지 않지만, 진심 어린 태도와 솔직함을 기본으로 그동안 받은 사랑에 대한 감사를 표현하고, 먼저 고객의 입장에서 궁금해 하실 만한 내용을 인스타그램을 통해 공유하니 관심을 주셨어요. 앞으로도 꾸준히 고객님들과 소통하며 곱창블리 인스타그램 90tan4310을 통해 많은 소식을 알려 드릴게요.

Q 곱창블리 인스타그램이 다른 인스타그램과 차별성이 있다면 무엇인가요?

제가 운영하는 매장을 홍보할 목적으로 시작된 것은 다른 인스타그램 계정들과 마찬가지입니다. 하지만 제 인스타그램은 매장 홍보 이야기보다는 제 일상이나 사적인 정보가 더 많습니다. 팔로워 숫자 늘리기나 점포 알리기에 치중하기보다 제 고객들과 직원들을 책임지는 사람이 되고 싶은 저의 철학을 자연스럽게 공유하는 공간으로 만들어 가고 있습니다.

멋있는 사진과 특별한 삶이 있는 건 아니지만, 더 친근하고 상업적이지 않게 고객들에게 부담 주지 않으며 소통합니다. 내가 만들고 쌓아가는 내 인생, 내 사업을 솔직하게 이야기하면서도 제 특유의 사랑스러움을 잃지 않는 모습으로 고객님들(인친)과 서로 일상을 공유하고, 공감하고 문제를 해결해 주기도 하는 복합 문화공간 같은 곳이지요.

친절하다고 서비스가 아닙니다. 더 좋은 사람, 좋은 브랜드를 만들어가기 위해 열심히 사는 모습으로 인친들과 사적 공감을 나누고 진정성 있는 소통으로 신뢰를 쌓아가기 위해 항상 먼저 말을 걸고 먼저 궁금해 하고 다가갑니다.

Q 이유진 대표님이 생각하시는 인스타그램 마케팅에서 가장 중요한 것은 무엇인지요?

구매 결정을 할 때, 특히 음식점을 찾을 때는 지인이나 신뢰도, 애정도가 높은 사람의 영향을 많이 받는 시대라고 해요. 고객들 자신이 좋아하는 브랜드에 대해 스스로 판매 담당자가 되는 요즘! 인지도와 관심, 신뢰도는 사업에 큰 영향을 미치잖아요.

그렇기 때문에 곱창 하면 곱창블리! 특정 분야에서 고객들에게 선택받으려면 개인 브랜딩이 필요합니다. 진정한 개인 브랜딩을 위해 관심과 소통이 가장 중요하다고 생각합니다. 이 질문에 대한 답은 저도 항상 바뀌고 고민하는 것이기 때문에 정말 어렵습니다.

Q 인스타그램을 하기 전과 후, 달라진 점이 있다면?

한마디로 더는 시간에 기대어 흘러가는 대로 살지 않게 되었습니다!

매장을 여러 개 운영하다 보니 단조로운 생활이 대부분이었고, 무엇을 위해 이렇게까지 하는가 하는 회의감과 무기력함도 자주 찾아왔었어요. 사업을 위해서도 나를 위해서도 돌파구가 필요하다고 생각했고 연구원님께 조언도 얻고 책도 읽어보며 인스타그램을 시작했습니다.

처음에는 올릴 거리도 없어 부담되고 스트레스도 받았으나, 잘되자 보다는 하루하루 즐겁게 여러 활동을 하며 기분전환도 하고 내 인생을 풍요롭게 만드는 투자를 한다고 생각을 바꾸면서 활력과 에너지를 되찾았습니다. 몸은 더 힘들어졌지만 운동을 통해 체력을 키우고, 더 많은 활동을 계획하고 얻은 에너지를 일과 나 자신에게 쏟으며 선순환의 고리를 만들었어요. 덕분에 저는 앞으로 더 나아갈 수 있는 힘을 얻었습니다. 글로 설명하기에는 부족할 정도로 즐거운 인생입니다. 스스로 선순환의 고리를 찾은 것 같아 뿌듯하고 행복합니다.

Q 인스타그램 마케팅을 시작하시는 분들에게 조언을 해주세요.

일단 제가 이래라 저래라 하는 것은 저도 아직 배워 나가는 중이라 조심스럽고요.

처음에는 절대로 매장 홍보를 해서 매출을 올려야지! 유명인이 될 거야! 그런 목표에 강박을 가지지 않았으면 좋겠습니다. 그러다 보면 생각보다 없는 반응에 지치고 상처받을 수도 있고요. 인스타그램을 위해 사는 삶이 되어버릴 수도 있으니까요

묵묵하게 공부하고 연구하면서 꾸준히 지속적으로 하다 보면 누군가는 반드시 반응할 거라 믿으세요! 그 하나에 진심으로 감사하고, 힘을 얻어서 더 앞으로 나아가시면 될 것 같다 감히 말씀드립니다.

정리하기

01 스마트폰의 대중화로 자연스럽게 인터넷도 PC보다 모바일로 검색하는 조회 수가 증가하였으며 모바일 전용 SNS가 활성화되면서 사람들의 취향과 연령대에 따라서 SNS의 사용자들도 세분화되었다.

02 인스타그램은 사업자가 직접 사진을 올리는 것도 중요하지만 고객이 자발적으로 본인의 계정에 올리도록 유도하는 것이 중요하다. 우리 매장의 사진이 베스트 컷이 되어 인스타그램에 올라갈 수 있도록 메뉴 기획이나 물리적 환경을 만들어줘야 한다.

03 인스타그램은 블로그처럼 텍스트를 많이 쓰는 것보다 사진과 영상을 중심으로 어필해야 한다. 그래서 시선을 사로잡을 사진과 동영상이 필요하다.

04 음식의 맛보다도 희소성이 있고 시각적으로 눈길을 끄는 메뉴 콘셉트를 기획하는 것이 더 중요해진 시대이다. 이런 메뉴를 찾아서 SNS에 공유하는 사람들도 늘고 있다. 트렌드에 맞춰 외식업도 화려한 비주얼을 갖춘 메뉴를 만들고 홍보하며 소비자의 요구에 발맞춰 가야 한다.

05 현재 국내 외식업 마케팅은 80% 이상 네이버 검색 상위노출에 집중되어 있으며 네이버 블로그와 인스타그램의 조합을 많이 쓰는 편이다. 잠재고객들에게 인스타그램은 관심을 유도하는 호객행위를 하며 블로그 후기글은 구매불안감을 제거해 주고 구매를 결정지어 준다.

06 광고를 통해 방문을 유도하고 음식을 파는 것으로 끝이 아니다. 이때부터 마케팅이시작된다. 고객의 구매경험은 그대로 SNS를 통해 다른 많은 소비자에게 공유된다. 좋은 경험을 했다면 또 다른 방문자를 불러들이고, 부정적인 경험을 했다면 고객의 발길을 돌리게 하는 시작점이 됨을 명심해야 한다.

07 인스타그램을 시작하기 전에 반드시 경쟁자 분석을 해보아야 한다. 소비자를 어떤 콘텐츠로 사로잡고 반응을 보이는지, 우리가 세운 전략과 겹치는 것은 없는지 분석해 보는 시간이 필요하다.

08 인스타그램의 핵심은 해시태그이다. 외식사업자는 지역, 상권과 매장명, 메뉴 이름 등을 해시태그에 넣어 게시물에 올리거나 고객들이 올릴 수 있도록 이벤트를 진행해 주는 것도 하나의 방법이다. 고객을 세분화시켜 보면 인스타그램에서도 목표 고객을 찾을 수 있으며 해시태그가 잠재고객을 찾기 위한 단서이기도 하다.

09 해시태그를 검색했을 때 노출되는 영역은 인기 게시물과 최신 게시물이다. 이 영역에서 인기 게시물은 좋아요나 댓글, 조회 수 등의 반응도에 따라 순위가 결정되지만 최근 게시물은 이와 상관없이 올린 순서대로 결정되기 때문에 동등한 기회를 얻는다.

10 소상공인들은 인스타그램을 필수로 해야 한다. 다만 해시태그를 통해 고객을 분류하고 잠재고객들이 찾아오도록 해시태그를 활용할 줄 알아야 한다.

연습문제

01 우리 매장이 위치한 상권에서 사용하고 있는 해시태그를 분석해 보고 우리 매장으로 유입될 수 있는 해시태그를 추출하여 게시물에 사용해 보도록 하자.

02 페이스북 페이지를 만들어서 인스타그램 개인 계정과 연결하여 비즈니스 계정을 만들고 쇼핑태그와 지도태그를 만들어 보도록 하자.

Chapter 06

소상공인을 위한 페이스북 마케팅

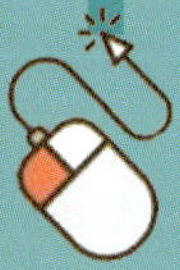

CONTENTS ▶▶▶

1. 페이스북이란 무엇인가?
2. 페이스북 개인 프로필 계정 제대로 활용하기
3. 페이스북 페이지가 필요한 이유
4. 페이스북 페이지 샵 기능과 인스타그램 연동하기
5. 페이스북 알고리즘 이해하기

CHAPTER 06

소상공인을 위한 페이스북 마케팅

▶▶▶ 학습목표

- 페이스북을 설명할 수 있다.
- 페이스북의 개인 프로필 계정 활용법을 설명할 수 있다.
- 페이스북 페이지의 필요성과 활용법을 설명할 수 있다.
- 페이스북 페이지 샵 인스타그램에 대해 설명할 수 있다.
- 페이스북의 알고리즘을 설명할 수 있다.

1. 페이스북이란 무엇인가?

페이스북은 하버드대학교의 학생이었던 마크 저커버그(Mark Zuckerberg)가 2003년 10월 28일 만든 페이스매시(facemash)라는 이름의 서비스에서 시작되었다. 2004년 6월에 캘리포니아 주의 팰러알토에 본사를 설립하였고, 이후 페이팔 공동 창립자 피터 디엘(Peter Thiel)로부터 첫 투자를 받았다. 그 뒤 2005년에 facebook.com 도메인을 200,000달러에 구매한 뒤 지금의 이름 '페이스북'으로 서비스를 시작하였다.

그림 6-1 페이팔 공동창립자, 마크 저커버그와 피터 디엘

설립자인 마크 저커버그는 15억 달러의 자산으로 2008년 포브스 선정 세계의 억만장자 785위에 올랐으며, 동시에 유산 상속이 아닌 자수성가형 최연소 억만장자가 되었다. 페이스북의 처음 시작 형태는 사람과 사람을 연결해 주는 소셜네트워크로 싸이월드를 벤치마킹하였다고 한다. 이후 2006년에 좀 더 활성화될 수 있도록 뉴스피드가 추가되었고, 2007년에는 페이스북 페이지 및 페이스북 광고와 페이스북 그룹이 만들어졌다. 페이스북이 국내에서 본격적으로 사용되기 시작한 시점은 아이폰이 국내에 첫 선을 보인 2009년 후반부터이다. 당시에는 사용자 환경이 썩 좋지 않았고 사용 언어도 영어에 가까웠다. 이후 국내 사용자 수가 급격히 늘어난 2010년이 되어서야 뒤늦게 한글 서비스가 제공되었다.

페이스북에 회원가입을 하면 기본적으로 개인 프로필 계정을 사용할 수 있고, 필요에 따라 페이스북 페이지나 페이스북 그룹을 만들 수 있다. 개인 프로필 계정은 실명을 기반으로 사람들과 소통하며 네트워크를 형성하는 방식이며, 페이스북 페이지는 자신의 비즈니스를 홍보하거나 공인 또는 단체를 홍보하는 페이지 등으로 활용할 수 있다. 그룹은 관심사가 비슷한 페이스북 사용자들의 커뮤니티 공간으로 정보를 공유하는 곳이다.

페이스북 광고는 가입된 사용자들의 프로필과 인구통계학적 자료를 바탕으로 정밀한 타깃팅이 가능하다는 장점이 있다. 불특정다수에게 뿌리는 것이 아니라 세분화된 자료를 바탕으로 목표고객을 정해서 광고를 집행할 수 있다. 그러나 광고 집행이 너무 어렵다는 단점이 있다. 타깃을 여러 개 잡아서 A/B 테스트도 해봐야 하고, 맞춤 타깃과 유사 타깃 설정 등의 기능은 초보자들에게 접근성이 떨어지는 영역이다.

페이스북 페이지와 페이스북 그룹 그리고 광고 모두 별도의 가입 없이 개인 프로필 계정으로 로그인을 한 상태에서 개설할 수 있으며, 각 서비스의 특징은 〈표 6-1〉과 같다.

표 6-1 페이스북 기능의 특징

구분	페이스북 개인 프로필	페이스북 페이지	페이스북 그룹
용도	비상업용/개인	광고용	개별 사용자 모임
특징	타임라인에 콘텐츠 공유	게시물, 인사이트 확인 광고, 이벤트, 쿠폰, 샵 생성	그룹 내 콘텐츠 공유 설문, 이벤트, 판매 등
개설 수	1인 1계정 친구 수 5,000명까지	제한 없음	제한 없음
관리자	본인	개설자가 관리자가 되며 편집자, 댓글 관리자, 광고주, 분석가 등 역할별 관리 권한 설정 가능	개설자가 관리자가 되며 댓글 관리자 등 권한 설정 가능
공개범위	전체공개/친구만/나만 보기/사용자 지정 설정 가능	전체공개	전체공개/비공개/비밀 그룹
가입방법	친구신청/팔로우	좋아요	가입신청

출처: 이채희 (2017). 나는 SNS로 월 3000만 원 번다. 위닝북스.

페이스북에는 다른 SNS에 없는 것이 있다. 바로 사람 연결이다. 페이스북은 사용자가 알고 있는 사람들의 페이스북에 수집된 정보를 기반으로 적극적으로 연결해 준다. 페이스북은 SNS 중에서 유일하게 실명을 기반으로 운영된다. 실제 자신의 얼굴과 이름으로 활동하고 사람들과 페이스북 친구(페친)를 맺고 소통하며, 자신의 전문분야를 브랜딩할 수 있다.

페이스북의 개인 프로필 계정은 나와 내 직업을 연결하여 브랜딩할 수 있는 공간이다. 페이스북 친구는 5,000명까지 맺을 수 있으며, 그 이상은 팔로워로 확장할 수 있으므로 자신의 브랜드가 수많은 사람에게 공유된다.

2. 페이스북 개인 프로필 계정 제대로 활용하기

페이스북 개인 프로필 계정에서 제공되는 다양한 기능을 어떻게 마케팅 용도로 사용할 수 있는지, 이용할 때의 유의점과 함께 제대로 활용하는 법을 알아보자. 페이스북 개인 프로필 계정은 퍼스널 브랜딩을 위해 사용한다. 퍼스널 브랜딩의 효과적인 방법은 처음에는 알 수도 있는 사람들과 연결하고, 점차 내 비즈니스와 연관되는 사람들로 친구를 늘려가는 것이다. 페이스북 개인 프로필 계정은 반드시 실명과 본인 사진을 써야 한다.

기업의 대표자나 구성원들이 개인 실명으로 작성한다면, 사업 홍보보다는 사람과의 관계를 맺는 것이 우선되어야 한다. 페이스북에서 개인의 실명과 사진을 공개함으로써 비즈니스의 신뢰도를 높일 수 있다. 사업을 하면서 자신의 정체를 숨기게 되면, 비즈니스 관계의 가장 큰 덕목이라 할 수 있는 신뢰 형성이 어렵다.

1) 친구 맺기 이전에 숙지할 사항

페이스북 마케팅의 시작은 반드시 나를 공개함으로써 시작된다는 것을 명심해야 한다. 프로필의 사진과 정보는 명함 같은 역할을 하기 때문에 비즈니스에서 관계가 맺어지는 기본 수단이다. 페이스북 개인 프로필 계정을 활용하여 친구 맺기를 하기 전에 알아야 할 내용에 대해 살펴본다.

그림 6-2 페이스북 메인화면

출처: 강상현 페이스북 개인 프로필 화면

(1) 페이스북 메인화면 꾸미기

페이스북 개인 프로필 계정을 시작하려면 담벼락이라고 부르는 페이스북 메인화면을 먼저 잘 꾸며야 한다. 우선 커버 사진과 프로필 사진, 내 소개, 학력, 경력 정보들을 작성해야 한다. 페이스북은 실명을 기반으로 하기 때문에 이 부분을 잘 꾸며 놓는 것이 중요하다.

(2) 페이스북 타임라인과 뉴스피드의 개념 이해하기

페이스북 초보자가 많이 혼동하는 부분은 타임라인과 뉴스피드의 차이이다. 타임라인은 내가 올린 글들이 시간 순으로 게시되는 곳이다. 텍스트, 사진이나 영상, URL을 첨부하여 타임라인에 공유할 수 있다. 뉴스피드는 페이스북에서 친구로 설정한 회원들의 활동, 메시지, 추천 목록 등을 지속적으로 업데이트해 주는 것을 말하며, 페이스북 친구(페친)들의 소식은 뉴스피드를 통해 알 수 있다. 단 모든 친구들이 보이는 것은 아니며 알고리즘이 적용되어 친밀도가 높은 순으로 보인다.

(3) 이런 친구들은 조심하자

페이스북을 시작하면 수많은 사람들로부터 친구 요청이 들어온다. 처음 시작한 초보자들은 친구 요청을 받으면 무조건 수락을 하는 경우가 많다. 가능한 한 신청자의 신분을 확인하고, 친구 요청을 '수락'하는 것이 좋을지 아니면 친구 요청을 '거절'하는 것이 좋을시 신중하게 판단해야 한다.

필자의 경우 친구를 요청한 사람의 프로필을 반드시 확인한다. '프로필 사진이 없는 사람, 글을 전혀 쓰지 않고 있는 사람, 외국인 · 연예인과 같은 여성의 사진만 올린 사람' 등은 친구를 맺지 않는다. 페이스북을 하다 보면 매일매일 수십 명씩 친구 요청이 들어오지만 나와의 소통이 필요한 사람인지 신중히 검토하고, 소통의 필요성이 크지 않다고 판단되는 사람들은 모두 거절한다.

특히 프로필을 확인해서 거의 활동을 하고 있지 않거나 다른 사람의 글만 공유하는 사람은 활동을 하지 않는 경우가 많으므로 브랜드 홍보에 특별히 도움이 되지 않는다.

특히 친구 요청을 한 사람이 지나치게 미모가 뛰어날 경우 홍보용으로 만든 가짜 계정일 확률이 높다. 반대로 내가 저렇게 프로필을 작성했다면 다른 사람들에게 친구 수락을 받기 힘들 것이다. 그러므로 프로필은 본인의 정보로 정확히 기록해야 친구 수락률도 높다.

2) 페이스북 개인 프로필 계정 성과를 위한 타깃 친구 맺기

페이스북 마케팅을 위한 모든 준비를 완료했다면 본격적으로 친구를 만들어야 한다. 페이스북 개인 프로필 계정 친구는 5,000명으로 제한된다. 처음에는 5,000명이 굉장히 많아 보여도 활동을 하다 보면 친구가 기하급수적으로 늘어나서 금방 친구를 받을 수 없는 상태에 이르게 된다. 그러므로 친구를 수락할 때는 신중할 필요가 있다. 최대 인원에 근접해서 더 이상 친구를 받을 수 없는 상태가 되기 전에 미리 비즈니스에 도움이 되지 않는 친구들은 정리하면서 친구 관리를 하는 것이 좋다.

페이스북 개인 프로필 계정 친구는 목적을 갖고 만들어 가는 것이 중요하다. 음식점 등 오프라인 사업자의 경우 우리 매장을 찾아올 수 있는 근처의 사람들로 친구를 맺어가는 것이 좋다.

(1) 타깃 친구를 만들어 가는 법

페이스북 개인 프로필 계정을 통해서는 자신과 관심사가 비슷하거나 어울릴만한 사람들과 친구를 맺는 것이 중요하다. 먼저 오프라인에서 비즈니스로 알고 지내던 사람들의 경우 모바일에서 핸드폰이 동기화되면서 페이스북 앱에서 '알 수도 있는 사람'으로 추천을 해준다. 이때 원하는 사람에게 친구를 요청하면 된다. 또한 정보에 입력한 학력과 경력 등의 정보를 기반으로 같은 학교나 직장에 다닌 사람들과 연결을 시켜주기 때문에 오프라인에서 평소에 알고 지내던 사람들한테 페이스북 친구를 요청할 수 있다. PC 화면에서 페이스북 친구가 된 사람들의 친구 리스트를 확인할 수 있는데 나와 친구가 아닌 사람 중에서 원하는 사람만 골라서 친구를 늘려갈 수 있다.

(2) 타깃 친구의 친구에게 친구 요청하기

타깃 친구들에게 친구를 요청한 이후에도 타깃 친구들의 게시물에 '좋아요'나 댓글을 남긴 친구들을 확인할 수 있을 것이다. 이미 나와 친구인 사람은 친구로 표시되지만 그렇지 않은 경우 '친구 추가'라고 노출이 되므로 타깃 친구의 게시물에 반응을 보인 페이스북 유저들에게 자연스럽게 친구를 요청하면서 타깃 친구들을 늘려갈 수 있다. 이런 방법을 페이스북 개인 프로필 계정 친구 늘리기에 활용하면 관심사도 비슷하고 원하는 방향의 친구들을 늘려갈 수 있다.

(3) 타깃 고객이 있을 만한 관련된 페이지 찾기

지역마다 페이스북 맛집 페이지가 존재한다. 예를 들어 강남에서 음식점을 운영 중이라면 강남 맛집, 서울 맛집 등을 검색해 보면 활성화되어 있는 맛집 페이스북 페이지가 나온다. 그 다음 게시물마다 댓글이나 '좋아요'를 누르는 페이스북 사용자를 찾아서 친구 맺기를 할 수 있다. '반응하는 페친'이라고도 하며, 맛집 · 먹거리 등에 관심을 보였으므로 우리 매장에도 관심을 보일 확률이 높다.

페이스북에서 친구를 맺을 때의 주의사항은 친구 요청이 1,000명까지만 가능하다는 점이다. 1,001명째가 되면 친구 요청을 할 수 없기에 더 맺으려면 기존의 친구 요청을 취소해야 한다. 또한 사람들이 친구 수락을 하지 않는 원인도 살펴보아야 한다. 페이스북 담벼락을 잘 꾸며 놓았는지, 프로필 사진이나 경력 및 학력사항 등을 정확히 작성해 놓았는지 등을 다시 점검해볼 필요가 있다. 내 프로필의 신뢰성이 떨어지면 친구 수락 확률도 그만큼 떨어지기 때문이다.

3. 페이스북 페이지가 필요한 이유

페이스북 개인 프로필 계정이 개인을 브랜딩하는 도구라면, 페이스북 '페이지'는 회사 또는 점포를 브랜딩하는 도구라고 할 수 있다. 페이스북 페이지는 회사나 점포의 브랜드명이나 제품명으로 페이스북 개인 프로필 계정과 같이 팬을 맺을 수 있고 소통할 수 있는 채널이다. 회사의 홈페이지와 같은 역할을 하는 페이스북의 기능 중 하나이다.

페이스북 페이지의 특징은 혼자가 아닌 여러 명의 관리자를 둘 수 있으며 누가 게시물이나 댓글을 달아도 모두 페이스북 페이지명으로 표시되는 것이다. 단 관리자는 반드시 페이스북 개인 프로필 계정을 만들어야 한다. 페이스북은 페이지가 있어야만 광고를 진행할 수 있다. 오프라인 사업자에게 광고가 반드시 필요한 것은 아니지만 우리 매장의 페이스북 페이지는 최소 하나씩은 꼭 필요하다.

1) 페이스북 페이지의 장점

페이스북 페이지는 검색엔진 웹사이트 영역에 노출이 된다. 게시물도 제한 없이 웹에 공개가 되어 페이스북 계정을 갖고 있지 않은 사람들에게도 보인다. 인터넷 사용자 모두에게 노출되기 때문에 콘텐츠 노출에 장점이 있다. 또한, 무료이기 때문에 꾸준하게 올리면 효과를 볼 수 있다.

그림 6-3 서관면옥 페이스북 페이지 노출 사례

페이스북 페이지에서 소상공인이 반드시 해야 할 중요한 기능은 '체크인' 등록이다. 체크인이란 매장 위치가 페이스북에 노출되는 것으로, 페이스북 페이지를 만들 때 정확한 주소를 등록하면 지도에 매장의 위치를 표기해 준다. 처음 등록하면 대부분 주소 위치가 틀리게 나오지만 마우스로 핀을 정확한 매장 위치에 맞춰주면 된다. 등록이 완료되면 며칠 후에 페이스북 체크인이 생성되며 인스타그램에도 우리 매장의 지도 태그가 생성된다.

페이스북 페이지에는 '인사이트'라는 잠재고객 분석도구가 있다. '인사이트'를 이용하면 잠재고객들의 행동정보들을 상세하게 알 수 있다. 네이버 블로그나 네이버 modoo 홈페이지의 통계분석도구와 유사해 보이지만 좀 더 자세한 정보가 다양하게 제공된다.

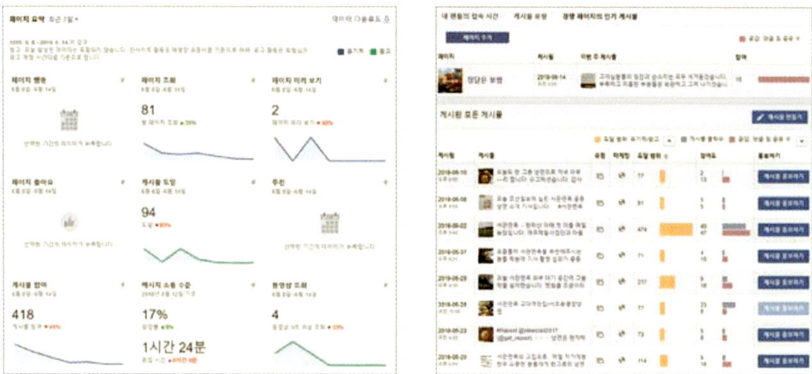

그림 6-4 페이스북 페이지 인사이트 개요 및 경쟁자 페이지 분석

2) 페이스북 페이지 작성의 핵심사항

페이스북 개인 프로필 계정을 먼저 만든 후에 페이스북 페이지를 만드는 것은 매우 간단하다. 최근에는 절차가 더 단순화되어 처음 만드는 사용자도 한 번의 설명을 읽고 바로 만들 수 있다. 페이스북 페이지를 쉽게 만들 수 있는 핵심사항을 정리하면 다음과 같다.

(1) 페이스북 페이지 이름 최적화

페이스북 페이지를 만들 때 이름은 매장 상호를 쓰는 것이 좋으며, 게시물 검색 노출을 좀 더 확장하기 위해 대표 키워드를 포함시키는 게 좋다. 예를 들면 홍대맛집 구공탄곱창, 화정역맛집 세겹집과 같이 지역 대표 키워드를 포함하는 것이 유리하다.

그림 6–5 페이스북 페이지명에 키워드를 삽입한 사례

(2) 적정한 템플릿 설정

페이스북 페이지는 사업자별로 효과적인 마케팅을 할 수 있도록 맞춤형 템플릿을 제공하고 있다. 템플릿의 종류에는 '음식점 및 카페, 쇼핑, 비즈니스, 장소, 비영리단체, 정치인, 서비스, video page, 일반'이 있으며 업종에 맞는 기본 기능들을 제공해 주고 있다.

그림 6–6 페이스북 페이지 설정 – 템플릿 수정 영역

페이지 [설정]에서 [템플릿 및 탭]을 누른 후 [수정]을 선택하여 업종에 맞는 템플릿을 설정해 준다.

(3) 템플릿 탭 최적화

내 업종에 맞는 템플릿을 선택했다면 다음은 탭 위치를 조절하여 페이지를 효과적으로 노출시켜야 한다.

그림 6-7 페이스북 페이지 설정 – 템플릿 탭 위치변경

탭의 위치는 마우스를 클릭한 상태에서 드래그를 하여 위치를 위아래로 조절할 수 있다. 추천하는 위치는 [샵] 탭을 제일 위로 올려주는 것이다. [홈] 탭은 고정적이며 위치가 변하지 않는다. 페이스북에 샵 탭을 추가하면 판매하는 상품을 노출해 홍보와 판매를 할 수 있는 제품 태그 기능이 지원된다. 또한, 인스타그램과 연동하면 인스타그램에도 샵에서 등록한 상품을 홍보 및 판매할 수 있도록 지원되니 반드시 사용해야 할 탭이다.

4. 페이스북 페이지 샵 기능과 인스타그램 연동하기

페이스북 페이지에는 제품을 등록하고 그 제품을 구입할 수 있는 '샵' 기능이 있다. 회사의 규모나 업종과 상관없이 '샵' 탭에 웹사이트 링크를 첨부할 수 있다. '샵' 탭에 상품을 등록하는 간단한 절차만으로 자사 상품을 페이스북에서 홍보할 수 있는 기능이다. 음식점에서도 메뉴에 '샵' 기능을 활용하여 페이스북 페이지에서 직접 자사 상품을 홍보하거나 판매할 수 있다.

2018년 6월부터 인스타그램에도 [쇼핑 태그] 기능이 도입되었다. 인스타그램 비즈니스 계정을 페이스북 페이지와 연동하면 페이스북 '샵' 탭에 등록한 제품을 인스타그램 게시물에 홍보할 수 있게 되었다. 다른 마케팅 채널들과 다르게 인스타그램은 각각의 게시물마다 구매링크 URL을 삽입할 수 없었고 프로필 영역에 1개의 링크 URL만 첨부할 수 있다. 그러다 보니 상품을 판매하는 사업자들에게는 인스타그램 마케팅에 많은 불편이 있었는데 페이스북 페이지 샵 기능과 연동되어 상품이 담긴 사진마다 구매링크를 삽입할 수 있게 된 것이다. 이로 인해 그동안 인스타그램의 고질적인 불편을 해결할 수 있게 되었다.

그럼 페이스북 페이지의 샵 섹션을 추가하고 인스타그램과 연동하는 방법을 자세히 살펴보자.

1) 페이스북 페이지 샵 인스타그램 쇼핑 태그 세팅하기

먼저 페이스북 페이지를 만들어 놓았다는 가정하에 설명한다. PC에서 내 페이스북 페이지에 들어가서 [설정] 〉[템플릿 및 탭]을 클릭한다. 템플릿은 '음식점 및 카페, 서비스, 쇼핑, 비즈니스, 장소, 비영리 단체, 정치인, Video Page, 일반'으로 나뉘어 있다. 메뉴, 영업시간, 위치 등 중요한 정보와 사진을 강조할 수 있는 음식점 및 카페 템플릿을 선택한다.

하단에 위치한 [탭 추가]를 누른 후 '샵' 탭을 추가해 준다.

여기서 한 가지 팁을 이야기하면 '샵' 탭의 위치는 제일 위로 올리는 것이 좋다.

그림 6-8 페이스북 페이지 샵 탭 설정방법 1

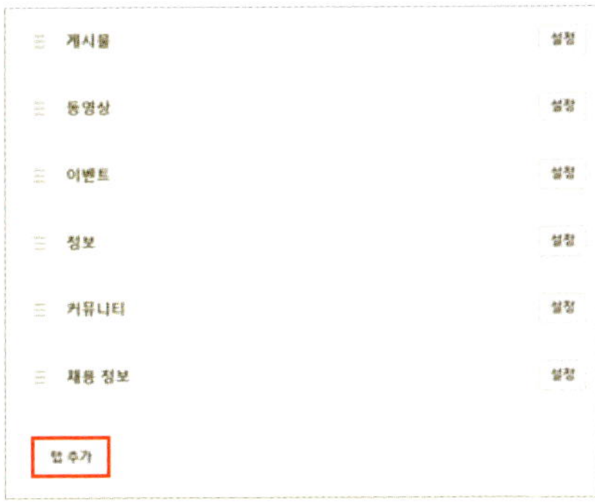

그림 6-9 페이스북 페이지 샵 탭 설정방법 2

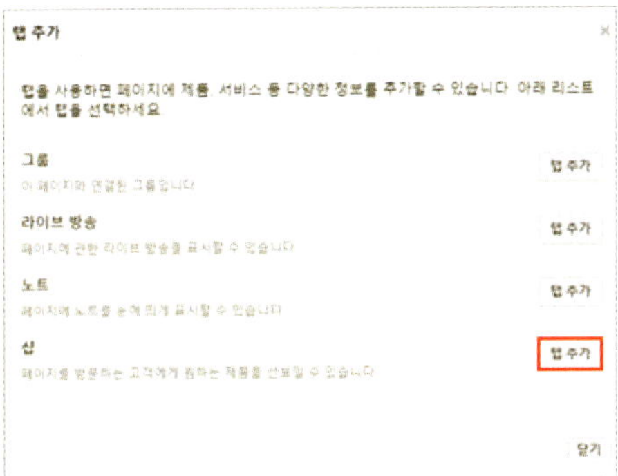

그림 6-10 페이스북 페이지 샵 탭 설정방법 3

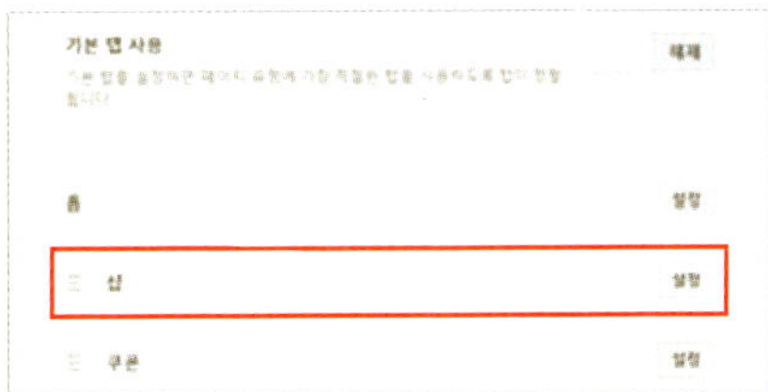

그림 6-11 페이스북 페이지 샵 탭 설정방법 4

그러면 [그림 6- 12]와 같이 '샵' 탭에 등록한 추천 상품이 페이스북 페이지 제일 상단에 노출된다.

그림 6-12 페이스북 페이지 샵 탭 설정 메인화면

출처: 서관면옥 페이스북 페이지

2) 인스타그램 연동

참고로 제품이 보이는 영역을 컬렉션이라고 한다. 주력 상품은 상단에 보이는 추천 컬렉션에 등록하는 것이 좋다. 추천 컬렉션은 10개까지만 표시된다. 페이스북 페이지 샵 탭을 추가한 후 인스타그램 비즈니스 계정과 연동하면 인스타그램 프로필 하단에 〈그림 6-13〉과 같이 '샵' 버튼이 추가된 것을 볼 수 있을 것이다. '샵' 버튼을 클릭하고 원하는 상품을 노출한다.

그림 6-13 인스타그램 샵(쇼핑태그) 노출화면

출처: 서관면옥 인스타그램 비즈니스 계정

'샵'으로 노출되는 상품은 검수 과정을 거친다. 보통 일주일 정도의 시간이 걸리며 이후에도 생성이 안 될 경우에는 인스타그램 고객센터에서 관련 내용을 확인하기 바란다.

외식업체 마케터는 페이스북 페이지 '샵' 기능과 인스타그램 '쇼핑 태그' 기능을 이용하면 고객의 구매경로를 다양하게 만들 수 있다. 또한 자신의 사업을 다양한 마케팅 채널을 통해 조화롭게 섞어 사용할 수 있다.

5. 페이스북 알고리즘 이해하기

사람들이 페이스북을 찾는 이유를 생각해 보자. 다른 이들과 관계를 맺고, 서로 교제하고 자기가 알고 관심이 있는 사람들이 평소 뭘 하는지 알아보기 위해서이다. 그 과정에서 자기 친구와 지인이 무엇을 읽고, 듣고, 입고, 먹는지, 어떤 의견을 옹호하는지, 계획은 무엇이며, 어떤 일자리를 구하는지, 어디를 향해 가고 있는지 등도 알게 된다. 페이스북은 사용자들에게 짜증스럽고 무의미한 콘텐츠 제공이 아니라 자신들과 관련이 있고, 재미있으면서, 유용하다고 생각되는 콘텐츠가 노출되기를 바란다. 그렇지 않으면 고객들은 사이트에 실망해서 떠나버리기 때문이다. 이런 페이스북의 노력처럼 사용자도 자신과 연관성이 있고, 재미있으며, 유용한 콘텐츠를 만들어내야 한다. 하지만 그게 말처럼 쉽지 않다. 문제는 페이스북에 작용하는 3가지 힘 때문이다. 가장 유능한 창작자들도 이전보다 페이스북에서 멋진 콘텐츠를 유기적으로 만들어내기가 힘들어졌다. 그건 바로 사용자와 사용자의 진화, 그리고 사용자의 진화에 따르는 페이스북의 변화 때문이다.

마케팅 담당자가 페이스북을 이용하고 싶어하는 가장 큰 이유는 22억 명이라는 엄청난 수의 사용자를 보유하고 있기 때문이다. 그런데 바로 그 점 때문에 페이스북 마케팅이 난관에 부딪힌다. 너무나도 많은 양의 콘텐츠가 사용자의 뉴스피드로 흘러 들어가 서로 주목을 받으려고 다투고 있다. 그래서 사용자가 아무리 훌륭한 콘텐츠를 게시해도 그것을 볼 확률이 떨어진다. 게다가 사용자는 사람이다. 세월의 흐름에 따라 나이가 들고 성숙해진다. 페이스북도 이 사실을 안다. 오래전 페이스북에서 가장 큰 이용자 집단이 대학생이고 전체적인 이용자 수가 비교적 적었던 시절에는 사람들의 뉴스피드가 시간 순으로 정리되었다. 그러다가 이용자 기반으로 게시물의 수는 꾸준히 늘어났다. 시간이 지나가는 과정에서 사용자의 뉴스피드는 흥미 없는 게시물로 뒤덮이고, 페이스북은 이것을 막을 방법을 찾아야만 했다.

1) 엣지링크의 등장

사용자들은 페이스북 측에서 뉴스피드를 잘 관리해서, 노출되는 대부분 내용이 자신의 관심사와 연관이 깊은 내용이기를 바란다. 이런 목적을 달성하기 위해 페이스북은 '엣지링크'라는 알고리즘을 이용한다. 엣지링크란 상태 업데이트나 사진 게시, '좋아요' 누르기, 공유, 댓글 달기 등 이용자와 페이스북 사이에서 이루어지는 모든 상호작용을 엣지라고 하는데 이론상 모든 엣지는 뉴스 스트림으로 전달된다. 엣지링크는 사용자가 특정한 콘텐츠에 열렬한 반응을 보이면 그와 유사한 콘텐츠에도 관심이 있으리라 생각하고 그에 맞춰서 뉴스 경향을 필터링한다. 사람들이 실제로 반응을 보이는 양질의 콘텐츠를 생산하는 것이 중요한 이유다. 앞으로 어떤 브랜드가 플랫폼에서 사람들 눈에 띌 수 있는지는 현재 고객들의 참여도에 달려 있다.

2) 엣지링크의 적용 기준

엣지링크는 친밀도, 가중치, 시간이라는 3가지 기준에 따라 점수를 부여하며, '친밀도〉가중치〉시간' 순으로 합산 순위가 높은 콘텐츠가 뉴스피드 상위에 노출된다.

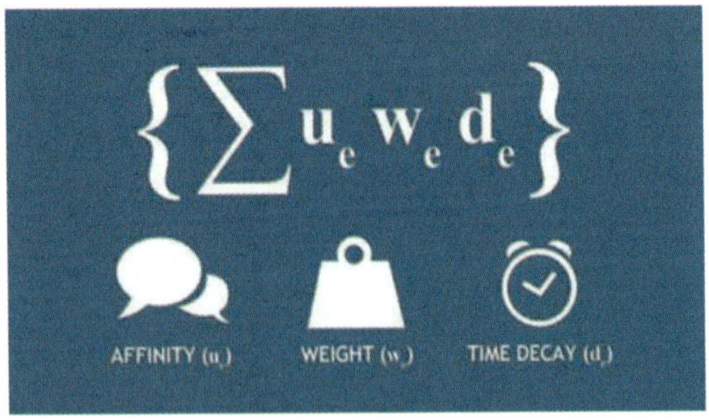

$$\left\{\sum u_e w_e d_e\right\}$$

그림 6-14 페이스북 엣지링크 기준 요소
출처: 소셜미디어 마케팅 클라우드(www.socialbakers.com)

친밀도란 친구와 나의 관계가 얼마나 친한지를 나타내는 지표로 페이스북을 하다 보면 좀 더 관심 있게 보는 사람들의 글이 있고 그렇지 않은 사람이 있다. 이때 페이스북은 사용자의 행동 패턴을 분석해서 나에게 더 가까운 사람의 글에 중요도를 부여한다.

가중치란 게시물의 유형과 사용자들의 반응을 측정해 중요도를 판단한 뒤 엣지링크 요소를 활용한다. 게시물의 유형은 텍스트보다는 이미지가 좋고 이미지보다 동영상이 더 많은 정보를 담고 있다고 판단해 각기 다른 가중치를 부여한다. 시의성은 게시물이 지금 시점에서 얼마나 의미가 있는지를 나타내는 지표이다. 최근에 작성된 게시물에 더 높은 점수를 주며 최근 게시물의 정보가 더 정확도가 높다고 판단하기 때문이다. 일반적으로 하나의 게시물이 뉴스피드에 머무는 시간은 평균 3.2시간이라고 하며 3시간이 지나면 시의성에 의해 게시물 순위가 떨어진다.

엣지링크는 '좋아요'나 댓글 공유의 중요성을 측정하기는 하지만 현재는 클릭률이나 판매로 이어지는 다른 행동에 더 큰 가중치를 부여하지는 않는다. 엣지링크는 사용자가 무엇을 판매하는지 신경 쓰지 않는다.

페이스북이 가장 중요시하는 것은 마케팅 담당자가 아니라 소비자들에게 유용한 플랫폼을 만드는 일이다. 이들은 사용자들이 페이스북에서 접하는 콘텐츠에 관심을 가지는지에 신경을 쓴다. 관심 있는 콘텐츠가 있으면 나중에 또 찾아오기 때문이다.

그렇다면 사용자의 관심은 무엇을 통해 증명될까? 그것은 제품 구매가 아니라 '좋아요', 댓글, 공유 클릭을 통해서 증명된다. 콘텐츠를 공유하거나 '좋아요'를 누르거나 댓글을 다는 사람이 아무도 없다면 해당 콘텐츠는 기존 커뮤니티 내에서는 전달되겠지만 흥미로운 콘텐츠로 간주하지 않을 것이다. 콘텐츠를 접하는 사용자 수를 최대한 늘리고 싶다면 기사를 읽거나 제품을 구매하는 것만으로는 충분치 않다. 사람들이 이 콘텐츠에 반응을 보여야만 그것을 널리 확산할 수 있다. 페이스북에서 의미하는 훌륭한 콘텐츠는 가장 많은 매출을 올리는 콘텐츠가 아니라 사람들이 다른 이들과 공유하고 싶어 하는 콘텐츠이다.

그림 6-15 스토리 범핑 알고리즘

출처: 소셜미디어 마케팅 클라우드(www.socialbakers.com)

시의성과 상관없이 인기 있는 게시물을 뉴스피드 상단에 노출한다. 시의성 알고리즘은 최근 게시물에 더 높은 점수를 주지만 추가로 스토리 범핑 알고리즘은 내가 보지 못했던 포스트 중 사용자들의 반응(좋아요/댓글/공유)이 있는 글은 오래된 게시글이라도 다시 뉴스피드 상단에 노출시켜 준다.

3) 라스트 액터 알고리즘

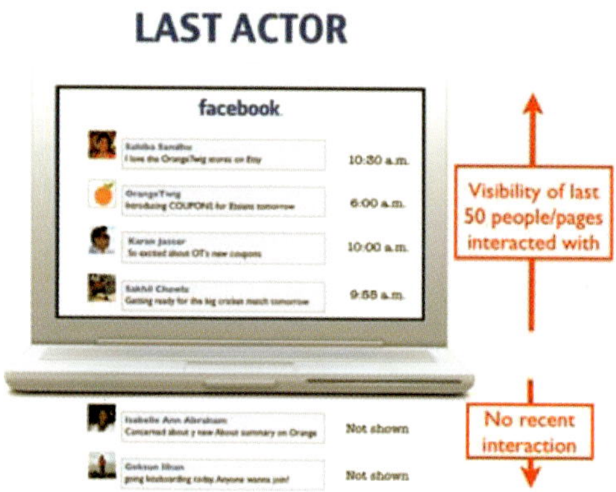

그림 6-16 라스트 액터 알고리즘
출처: 소셜미디어 마케팅 클라우드(www.socialbakers.com)

페이스북 사용자가 최근에 '좋아요/댓글, 공유'를 했던 50개의 게시물을 분석해 친밀감이 높은 이용자(친구, 페이지) 순위를 매기는 알고리즘으로 이를 통해 순위가 높은 사용자의 게시물이 자신의 뉴스피드에 먼저 노출된다.

이처럼 페이스북 알고리즘은 자신이 좋아하는 사람의 정보와 관심 있는 분야의 콘텐츠를 원활하게 볼 수 있도록 만들어졌다. 그 때문에 페이스북 마케팅을 하려면 계속 업데이트되는 뉴스피드 알고리즘이 자신의 사업 마케팅에 어떤 영향을 미칠 것인지 자세히 살펴보아야 할 것이다. 조금 어려운 개념인 듯하지만, 뉴스피드 알고리즘(엣지랭크) 공식만 잘 기억하고 있다면 그동안 내 뉴스피드에서 무슨 일이 벌어지고 있었는지 충분히 이해할 수 있을 것이다. 알고리즘은 늘 조금씩 변화하고 있지만, 알고리즘을 정확히 파악하고 잘 활용하는 것이 중요하다.

정리하기

01 페이스북은 실명을 기반으로 사람들과 소통하며 네트워크를 형성할 수 있는 '개인 프로필'과 자신의 비즈니스를 홍보하거나 공인 또는 단체의 홍보용으로 사용할 수 있는 '페이지', 관심사가 비슷한 페이스북 사용자들의 공간으로 정보를 공유할 수 있는 '그룹'으로 나뉘어 있다.

02 페이스북은 개인 프로필 계정을 통해 나와 내 직업을 연결하여 브랜딩할 수 있는 공간이다. 5000명까지 친구를 맺을 수 있고 그 이상은 팔로워로 확장할 수 있으므로 자신의 브랜드가 수많은 사람들에게 공유된다.

03 페이스북 친구맺기는 목적을 갖고 만들어 가는 것이 중요하다. 음식점 등 오프라인 사업자의 경우 우리 매장에 찾아올 수 있는 근처의 사람들을 우선으로 친구를 맺어가는 것이 좋다.

04 페이스북 개인 프로필 계정으로 나를 브랜딩했다면 페이스북 페이지로는 회사를 홍보할 수 있다. 페이지의 특징은 혼자가 아닌 여러 명의 관리자를 둘 수 있으며, 누가 게시물이나 댓글을 달아도 모두 페이스북 페이지명으로 표시된다.

05 페이스북 페이지의 장점은 검색엔진 웹사이트 영역에도 노출이 된다는 것이다. 인터넷 사용하는 모든 사람에게 노출이 되기 때문에 콘텐츠 노출에 유리하다.

06 페이스북 페이지에서 소상공인이 반드시 해야 할 중요한 기능은 체크인 등록이다. 체크인이란 매장 위치가 페이스북에 노출되는 것으로 페이스북 페이지를 만들 때 정확한 주소를 등록하여 지도에 매장의 위치를 표시한다.

07 페이스북 페이지에는 인사이트라는 잠재고객 분석도구가 있다. 인사이트를 이용하면 잠재고객들의 행동정보를 상세하게 알 수 있다.

08 페이지 이름에는 매장명과 함께 게시물 검색 노출을 좀 더 확장하기 위해 대표 키워드를 포함하는 것이 유리하다.

09 페이스북 페이지의 샵 기능을 활용하면 상품을 등록할 수 있고 인스타그램과도 연동하여 상품을 노출시킬 수 있다.

10 페이스북에는 좀 더 친한 사람들의 글이 뉴스피드에 노출될 수 있도록 알고리즘이 설정되어 있다. 이를 엣지링크라고 하며 사용자의 행동 패턴을 분석해서 나에게 더 가까운 사람의 글에 중요도를 부여한다.

연습문제

01 페이스북 개인 프로필 계정에 가입하고 타임라인에 게시물을 올리며 활동을 시작해 보도록 하자. 페이스북 페이지도 함께 만들고 매장의 영업시간과 매장 위치 등을 등록한다.

02 자신의 점포가 위치한 지역의 맛집 동호회와 같은 페이스북 페이지를 찾아 가입한 후 친구맺기 등을 통해 페이스북 마케팅 활동을 해보고 성과를 평가해 보자.

03 페이스북 페이지 샵 기능을 활용해서 상품을 등록한 후 승인을 받아 인스타그램과도 연동하여 인스타그램에도 상품이 노출되도록 쇼핑태그를 생성해 보자.

Chapter 07

소상공인을 위한 카카오톡 플러스친구 마케팅

CONTENTS ▶▶▶

CHAPTER 07

소상공인을 위한 카카오톡 플러스친구 마케팅

▶▶▶ **학습목표**

- 카카오톡 플러스친구를 활용한 온라인 마케팅 방법을 설명할 수 있다.
- 카카오톡 플러스친구에 가입하는 방법을 설명할 수 있다.
- 카카오톡 플러스친구 관리 메뉴 세팅법을 설명할 수 있다.
- 카카오톡 플러스친구를 활용하는 실전에 유용한 전략을 설명할 수 있다.
- 치킨전문점 정순희 대표의 카카오톡 플러스친구 성공 사례를 자신의 점포에 적용하여 활용할 수 있다.

1. 카카오톡 플러스친구란?

전통적인 전화통화나 문자보다 카카오톡 채팅이 더 편리한 시대가 되었다. 유튜브를 제외하면 우리가 가장 많은 시간 동안 사용하는 앱이 카카오톡이라고 한다. 2018년 11월 와이즈앱에서 발표한 한 달간 가장 많이 사용하는 앱의 통계를 보면 일반전화의 사용 비중보다 카카오톡의 사용 비중이 7배 이상 높게 나타난 것을 확인할 수 있다.

그림 7-1 2018년 11월 한 달간 가장 많이 사용한 앱 순위
출처: 와이즈앱(https://platum.kr/archives/112749)

커뮤니케이션 수단으로서 카카오톡이 높은 점유율을 기록하게 되면서 마케팅 채널로 등장한 것이 '카카오톡 플러스친구'이다. 카카오톡 플러스친구(https://yellowid.kakao.com)는 경영자가 고객과 카카오톡 플러스친구를 맺고 홍보 메시지를 보낼 수 있는 서비스로, 2019년 1월까지는 매월 1,000건씩 무료로 메시지 발송이 가능했으나 2019년 2월부터는 유료로 서비스되고 있다. 새로운 카카오톡 플러스친구는 비즈니스에 필요한 기능을 두루 갖추고 있다. 기존 옐로우아이디가 상담과 할인, 이벤트 소식들을 보낼 수 있는 수단이었다면 새로운 카카오톡 플러스친구는 콘텐츠 발행을 비롯하여 주목도 높은 메시지 발송과 주문, 구매, 예약 등의 비즈니스 연동까지 가능해졌다.

페이스북과 인스타그램에 대응하기 위해 많은 업데이트가 이루어진 점은 사용자 측면에서는 다행이다. 새 단장을 한 카카오톡 플러스친구에서 주목할 만한 부분은 페이스북의 뉴스피드와 네이버의 포스트처럼 정보를 계속적으로 업데이트할 수 있게 만들었다는 것이다. 이러한 변화들은 카카오톡 플러스친구를 비즈니스 플랫폼에 최적화시키기 위한 것들로 사업자들은 이 역시 온라인 마케팅에서 빼놓을 수 없는 채널임을 인정하고 이를 제대로 이해하고 활용하려는 노력이 필요하다.

1) 카카오톡 대 카카오톡 플러스친구의 차이

카카오톡 플러스친구 마케팅을 시작하기에 앞서 우리가 일상에서 채팅용으로 사용하고 있는 카카오톡과 카카오톡 플러스친구의 차이점을 이해해야 한다. 요점을 정리하면 〈표 7-1〉과 같다.

표 7-1 카카오톡 대 카카오톡 플러스친구의 차이점

구분	카카오톡	카카오톡 플러스친구
친구맺기	제한은 없지만 많이 늘어나면 채팅앱이 느려지는 현상이 발생	친구 수 제한 없음
친구 추가 기능	불편함(전화번호, ID 추가)	간편함(친구 추가 링크, 한글아이디 제공)
친구 관리	불편함(업체 핸드폰 필요)	편리함(관리자 추가 기능 있음)
통계지표	없음	있음

카카오톡은 친구 수의 제한은 없지만 스마트폰 환경에 따라 채팅앱이 느려지는 현상이 발생한다. 그러나 카카오톡 플러스친구는 친구 제한이 없고 스마트폰이 느려지는 현상도 발생하지 않는다. 카카오톡은 친구를

추가하려면 핸드폰 번호를 입력하여 동기화를 하거나 영문 ID를 추가해야 하는 불편함이 있는 반면 카카오톡 플러스친구는 친구 추가 링크가 한글아이디로 제공되기 때문에 간편하다. 카카오톡은 경영자 본인이 관리할 경우 개인 휴대폰으로 할 수 있지만 직원과 함께 관리한다면 별도의 휴대폰이 필요하다는 단점이 있다. 카카오톡 플러스친구는 관리자를 추가하는 기능이 있기 때문에 관리자 앱만 설치하면 특별한 조건 없이 마케팅을 진행할 수 있다. 무엇보다 카카오톡은 통계자료를 제공하지 않지만 카카오톡 플러스친구는 친구들의 활동에 관한 통계자료를 지원해 주기 때문에 마케팅 성과를 측정할 수 있다는 장점이 있다.

2) 카카오톡 플러스친구를 해야 하는 이유

전 세대가 사용하고 있는 카카오톡 앱(익숙한 채팅앱 활용, 핸드폰에 이미 설치)으로 내 고객에게 메시지를 보낼 수 있는 가장 효과적인 방법이다. 2019년 2월을 기점으로 유료로 전환되었지만 메시지 건당 15원으로 낮은 광고비용을 자랑하며 높은 도달률(100%)과 높은 반응률(약 13~15%)을 보이고 있다. 카카오톡 플러스친구를 사용해야 하는 이유는 작은 음식점도 온라인 마케팅 성과 측정이 가능하기 때문이다. 경남에서 치킨프랜차이즈 가맹점을 운영한 정순희 대표는 매달 500만 원 이상의 수익을 카카오톡 플러스친구를 통해서 발생시켰다고 한다. 이는 통계지표를 잘 활용하였기 때문이다. 〈표 7-2〉는 매달 카카오톡 플러스친구를 활용한 이벤트 내용과 전환율을 측정한 사례이다.

표 7-2 치킨프랜차이즈 가맹점 정순희 대표 사례

발송 시작일	메시지 내용	발송 수	링크 클릭 수	전환율 (%)
2018.11.29.	신메뉴 출시 무료시식체험이벤트 10명	1,777	472	27
2018.11.11.	11.11 빼빼로데이 롱치즈스틱 서비스 무제한	1,709	61	4
2018.10.27.	밥치킨 무료쿠폰, 선착순 20명	1,645	408	25
2018.10.18.	떡볶이세트 출시 2천원 할인 무제한	1,608	126	8
2018.10.12.	40% 할인 퀴즈 이벤트 5명	1,577	240	15
2018.9.20.	추석 영업 안내	1,470	68	5
2018.9.14.	포토데이, 먹방 사진 콘테스트 5명 밥치킨 증정	1,429	57	4
2018.9.6.	카포친기념 만포인트 당첨자 발표	1,398	89	6
2018.8.29.	축구, 생맥주 할인행사 20~50세 남성만 발송	671	11	2
2018.2.24.	카포친기념 만포인트 이벤트 참여 10명 댓글달기	1,371	180	13
2018.7.19.	스몰치킨세트 홍보	1,320	32	2
2018.7.13.	신메뉴 홍보. 신메뉴 주문 시 옥수수 콘셀러드 증정	1,330	1	0
2018.6.25.	매장 이벤트. 매장에서 치킨주문 시 주류 40% 할인	1,340	2	0
2018.5.5.	어린이날 기념이벤트. 감자튀김 서비스 무제한	1,359	4	0

출처: 정순희 대표의 카카오톡 플러스친구 2018년 메시지발송 통계자료

정순희 대표는 매장 일을 마친 후에도 이벤트 고민은 물론 메시지 테스트 발송과 블로그, 페이스북 등에 점포의 소식을 전하는 등 온라인 마케팅에 적극적이다. 그 결과 비록 몸은 고되지만 작은 점포도 온라인 마케팅을 활용하여 성과를 낼 수 있다는 것에 자신감을 갖게 되었다. 이와

같은 사례는 작은 음식점도 직접 온라인 마케팅을 실행해 성과를 내고 관리할 수 있다는 것을 보여준다. 온라인 마케팅이 필수라고 생각하는 경영자라면 카카오톡 플러스친구 또한 간과하지 말아야 한다.

가입하는 방법은 어렵지 않다. 카카오톡 플러스친구의 가입방법과 실전전략, 성공 사례를 통해 온라인 마케팅의 성공 가능성과 타깃의 범위를 넓혀가길 바란다.

2. 카카오톡 플러스친구 가입절차

카카오톡 플러스친구를 활용하기 위한 가입절차를 살펴보자. 네이버 검색창에 '카카오톡 플러스친구'를 입력하고 검색하면 웹사이트에서 '플러스친구 관리자'를 찾을 수 있다.

1) 카카오톡 플러스친구 가입

그림 7–2 네이버 검색창

'플러스친구 관리자'를 클릭하면 카카오톡 플러스친구의 메인화면을 확인할 수 있다. 카카오톡 플러스친구를 이용하려면 메인화면 중앙에 있는 회원가입을 클릭하고 모든 약관에 동의 후 이메일 인증을 받아야 한다.

그림 7-3 카카오톡 플러스친구 가입절차

출처: 카카오톡 플러스친구(https://business.kakao.com)

이상의 간단한 절차를 마치면 카카오톡 플러스친구를 이용하기 위한 계정 가입이 완료된다.

2) 카카오톡 플러스친구 관리자 가입하기

카카오톡 플러스친구 계정을 개설했으면 다음으로는 관리자 가입을 진행해야 한다. 카카오톡 플러스친구 관리자 가입은 메인화면 오른쪽 상단의 서비스 소개를 시작으로 카카오톡 플러스친구, 카카오톡 플러스친구 시작하기 순으로 클릭하여 진행한다.

그림 7-4 카카오톡 플러스친구 관리자 가입하기 1
출처: 카카오톡 플러스친구 이용가이드(https://business.kakao.com)

카카오톡 플러스친구는 관리자를 최대 50명까지 등록할 수 있으므로 관리자가 여러 명일 경우 식별이 용이하도록 실명으로 입력하는 것이 좋다. 이름은 관리자들에게만 보이고 서비스상에는 공개되지 않는다. 등록된 전화번호는 카카오톡 플러스친구의 메시지 알림이나 중요 공지를 받기 위한 용도로만 사용된다.

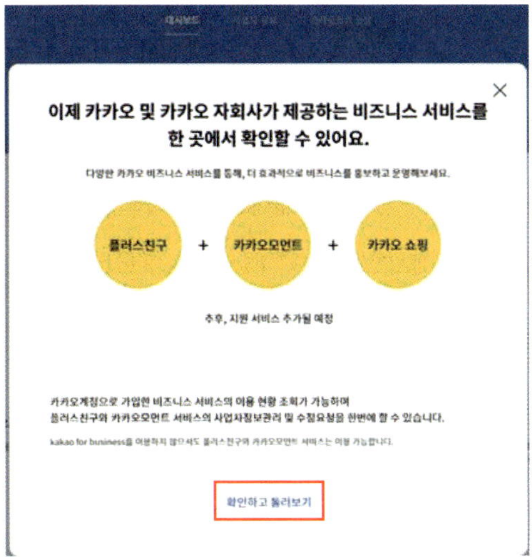

그림 7-5 카카오톡 플러스친구 관리자 가입하기 2

출처: 카카오톡 플러스친구 이용가이드(https://business.kakao.com)

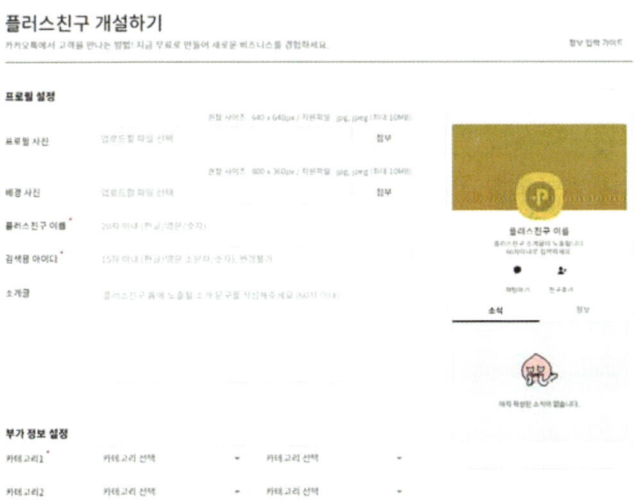

그림 7-6 카카오톡 플러스친구 관리자 가입하기 3

출처: 카카오톡 플러스친구 이용가이드(https://business.kakao.com)

(1) 카카오톡 플러스친구 이름

카카오톡 플러스친구 홈, 채팅탭, 대화창에 메인으로 노출되는 이름이다. 이름에는 한글, 영문, 숫자, 특수문자(#!&?-_,.( )만 사용할 수 있다. 수정은 카카오톡 플러스친구가 100명이 되기 전 한 번만 가능하므로 가급적이면 브랜드명과 일치하는 이름으로 신중히 결정하는 것이 좋다. 또한 다른 경쟁사와 중복되지 않도록 하는 것이 좋으며 고객이 카카오톡 검색창에서 쉽게 찾을 수 있도록 한글로 이름을 정하는 것을 추천한다. 참고로 카카오톡 플러스친구의 이름은 설정된 이후에는 변경이 쉽지 않다. 오타로 인한 실수나 사업자 이름이 변경되었을 경우 고객센터로 문의하면 수정이 가능하다.

그림 7-7 카카오톡 플러스친구 이름 노출 화면

출처: 카카오톡 플러스친구 홈화면, 채팅대화방, 채팅탭

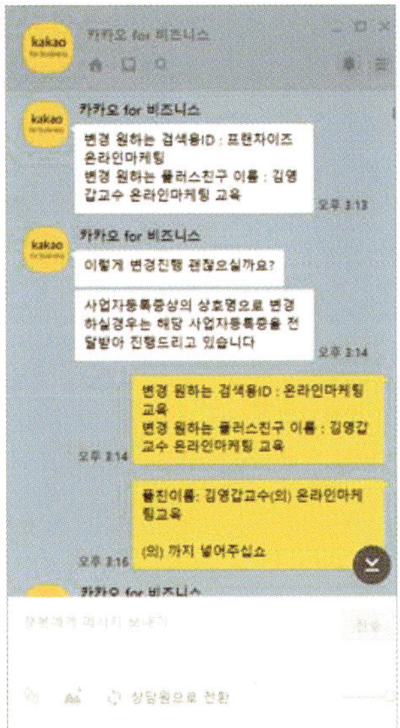

그림 7-8 카카오톡 플러스친구 이름을 변경하기 위해 고객센터에 요청하는 내용
출처: 카카오 for 비즈니스

카카오톡 플러스친구 고객센터는 관리자센터 왼쪽 하단에 위치한 '카톡으로 상담하세요'를 통해서 요청할 수 있다.

그림 7-9 카톡으로 상담하세요 버튼 위치
출처: 명지첫집 카카오톡 플러스친구 관리자센터

(2) 검색용 아이디

카카오톡 플러스친구 이름은 고객에게 보이는 이름이며 검색용 아이디는 고객이 검색하는 이름이다. 물론 카카오톡 플러스친구 이름만 검색해도 노출은 된다. 그러나 이왕이면 검색용 아이디도 고객의 입장에서 '치킨플러스〉치플'과 같이 바꾸어서 고객에게 설명하면 조금 더 쉽게 찾을 수 있다. 또는 명지첫집 카카오톡 플러스친구처럼 검색용 아이디를 부산명지맛집, 부산족발 등 관심도가 높은 키워드로 만들어서 잠재고객이 검색해서 유입되도록 할 수도 있다.

그림 7-10 카카오톡 플러스친구 검색용 아이디 설정 사례

출처: 명지첫집 카카오톡 플러스친구

(3) 카테고리

카테고리를 정확하게 선택하면 목표고객에게 노출될 확률이 높아진다. 카테고리는 카카오톡 플러스친구의 주제와 일치하는 것을 선택하면 된다.

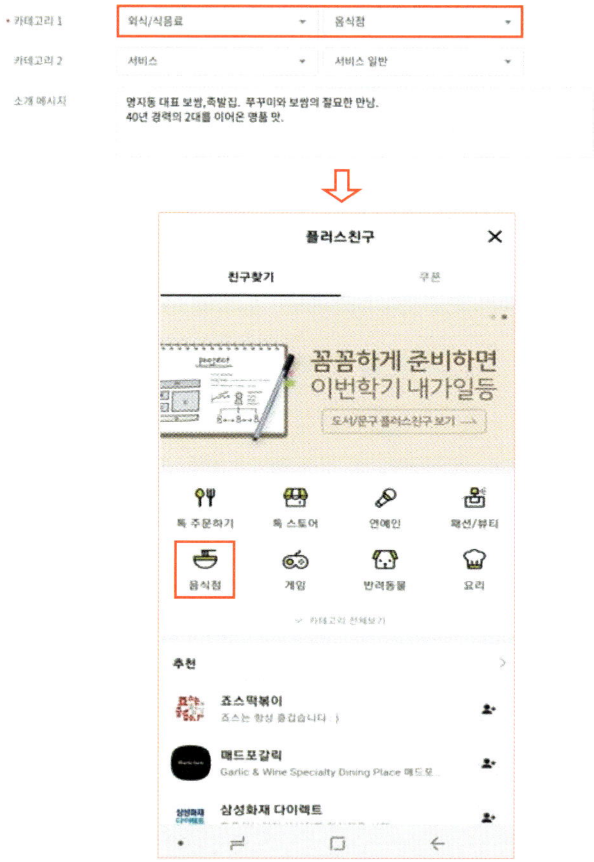

그림 7-11 카카오톡 플러스친구 카테고리 설정 및 분류되는 화면
출처: 명지첫집 카카오톡 플러스친구

카테고리 분류는 1과 2로 나뉘어 있으며 동일한 업종으로 분류할 수는 없다.

(4) 프로필사진 및 배경사진

권장 사이즈에 맞춰 사진을 등록해야 카카오톡에서 알맞게 보여진다.

사진은 매장에서 사용하는 로고나 매장을 어필할 수 있는 이미지를 첨부하는 것이 좋다.

*사진 권장 사이즈
배경사진은 800×346, 프로필 사진은 640×640의 사이즈가 가장 알맞게 보이며(픽셀 기준) 최대 10MB의 JPG 파일을 지원한다.

출처: 카카오톡 플러스친구 관리자센터 프로필 설정 가이드

그림 7-12 카카오톡 플러스친구 홈 화면

출처: 보배반점 성신여대점 카카오톡 플러스친구 홈화면

3. 카카오톡 플러스친구 관리메뉴 세팅하기

카카오톡 플러스친구 계정을 만들었다면 PC 관리자센터나 모바일 관리자 앱을 통해서 다양한 기능들을 설정할 수 있으며 홈에서는 사용자에게 노출시키고 싶은 콘텐츠를 작성하고 관리할 수 있다. 모바일 관리자 앱을 통해서도 관리가 가능하나 지원되지 않는 기능들이 많기 때문에 처음 세팅은 PC에서 하도록 한다.

1) 홈화면 버튼 설정

카카오톡 플러스친구 홈화면에는 세 개의 버튼이 있다. 첫 번째는 1:1 채팅 버튼이고, 두 번째는 친구 추가 버튼이다. 세 번째 버튼은 사용자의 용도에 맞게 호환이 가능한 버튼으로 운영하는 웹사이트나 앱, 전화 등에 연결시킬 수 있다. 총 17개의 버튼이 제공되며 그 중 하나만 선택할 수 있다.

그림 7-13 카카오톡 플러스친구 홈버튼 만들기
출처: 카카오톡 플러스친구 관리자 센터

예를 들어 음식점의 경우라면 '전화하기'나 '네이버 예약'과 같이 구매 전환에 중요한 역할을 하는 채널을 연결시켜 표시되도록 할 수 있다. 카카오톡 플러스친구를 통해서 얼마만큼의 전화 문의가 오는지 알고 싶은 경우 스마트플레이스에 설정되어 있는 스마트콜 기능을 사용하면 된다. 정리하면 세 번째 버튼은 업종에 유리하도록 선택하고 예약이나 홈페이지를 연결하고자 할 경우엔 웹사이트 주소를 설정해 주어야 한다.

경남에서 프랜차이즈 치킨전문점을 운영한 정순희 대표는 카카오톡 플러스친구를 활용하여 고객관리에 성공한 대표적인 사례이다. 정 대표는 카카오톡 플러스친구에 네이버 스마트콜 전화번호를 등록하여 카카오톡을 통해서 매월 몇 건의 전화 문의가 오는지 성과를 측정하고 있었다. 〈그림 7-14〉는 정 대표가 직접 측정한 것으로 2018년 5월 1건에 불과하던 카카오톡 플러스친구를 통한 문의가 약 6개월여 만에 44건으로 증가한 것을 확인할 수 있다. 중요한 점은 단순히 카카오톡 플러스친구가 늘었다는 것이 아니라 이러한 결과가 나타나기까지 꾸준히 관리를 해왔다는 점이다.

스마트콜 통화보고서							
	2018.05	2018.06	2018.07	2018.08	2018.08	2018.10	2018.11
네이버 플레이스	136	173	154	127	117	122	109
네이버 지도	2	0	0	0	0	1	0
카카오톡 플러스친구	1	2	22	8	8	28	44
전단지	0	0	0	31	53	59	12
인스타그램	0	0	0	0	2	0	0
모두 홈페이지	0	0	0	0	0	1	2

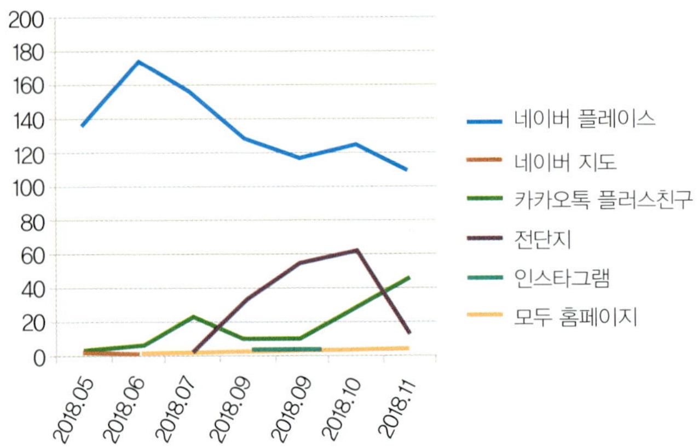

그림 7-14 치킨프랜차이즈 가맹점 정순희 대표의 스마트콜 비즈넘버 설정 사례

2) 소식받기와 정보보기 업종에 유리한 방향으로 설정

그림 7-15 소식받기와 정보보기 설정하는 방법
출처: 화정 세겹집 카카오톡 플러스친구 관리자센터

카카오톡 플러스친구는 고객이 내 카카오톡 플러스친구 홈에 방문했을 때 가장 먼저 보게 될 메뉴(탭)를 직접 선택할 수 있다.

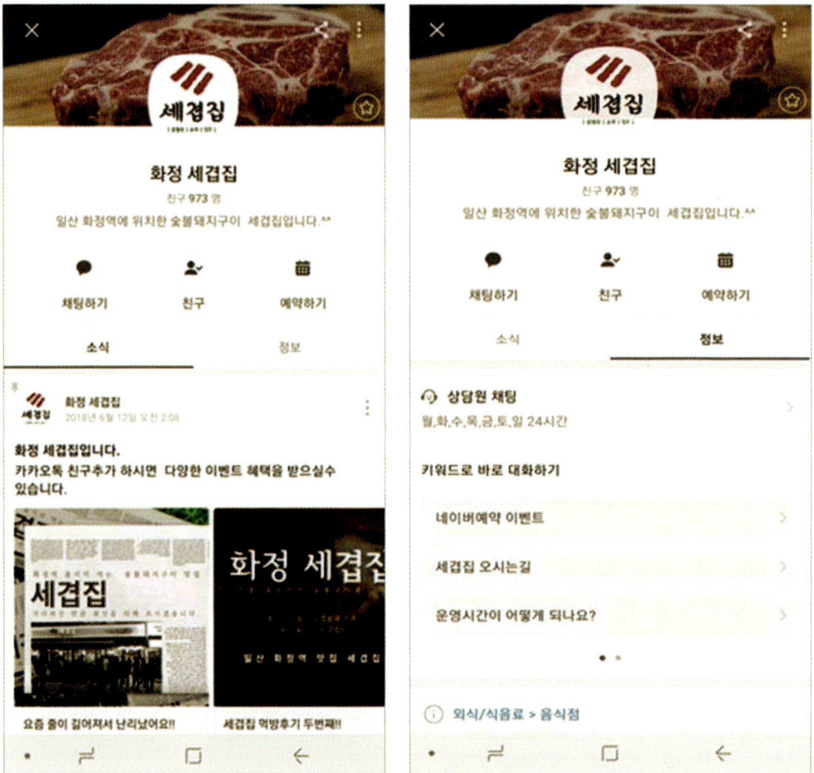

그림 7-16 화정 세겹집 카카오톡 플러스친구의 소식화면과 정보화면

출처: 화정 세겹집 카카오톡 플러스친구

소식화면과 정보화면 설정은 카카오톡 플러스친구 '관리자센터〉관리〉상세설정'에서 할 수 있으며 우리 매장 콘셉트에 맞춰 유리한 방향으로 선택할 수 있다.

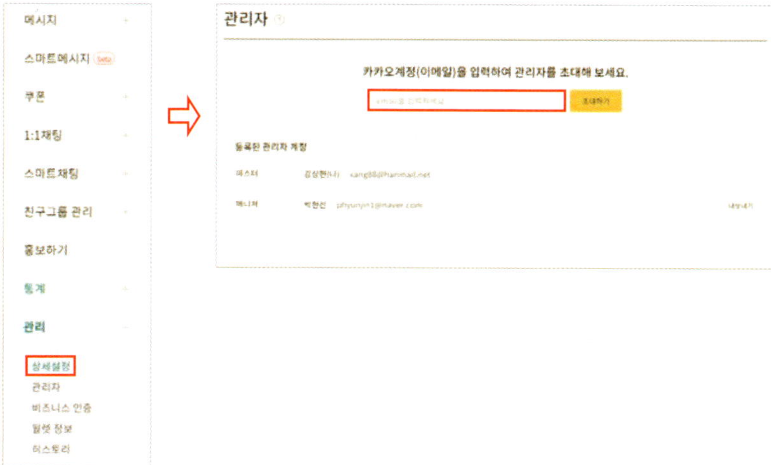

그림 7-17 카카오톡 플러스친구 관리자 초대하기 '관리자센터〉관리〉관리자'
출처: 화정 세겹집 카카오톡 플러스친구

카카오톡 플러스친구가 카카오톡과 다른 점은 관리자를 추가할 수 있어서 공동 관리가 가능하다는 점이다. 카카오톡 플러스친구 계정을 만든 사람이 최초 [마스터]가 되며, 관리를 맡기고 싶은 사람을 추가하면 그 사람이 [매니저]가 된다. 매니저도 카카오톡 플러스친구에 가입해야 관리자로 초대될 수 있다.

3) 웰컴 메시지 세팅하기

카카오톡 플러스친구에서 사용자들이 '친구 추가'를 하면 가장 먼저 웰컴 메시지를 받게 된다. 일종의 환영인사인 셈인데 기본적으로 카카오에서 정해놓은 멘트에 추가 메시지 삽입이 가능하다. 메시지 추가 시 우리 매장의 소개나 대표의 인사말을 포함하면 좀 더 신뢰성을 높일 수 있다. 메시지에는 이미지도 추가할 수 있는데 우리 매장의 로고나 메뉴를 첨부하면 주목도를 높이는 데 도움이 된다.

그림 7-18 카카오톡 플러스친구 웰컴 메시지 사례

〈그림 7-18〉에서 보는 것과 같이 기본 인사 멘트와 친구 추가 일시, 수신거부 안내 내용은 바꿀 수 없으며 가운데 빨간 박스 안에 작성된 내용만 추가할 수 있다. 고객은 상투적인 메시지는 광고로 치부해 버리므로 카카오에서 설정해 놓은 기본 메시지가 아닌 우리 매장만의 이벤트 소식이나 소개 내용들을 추가하여 고객들에게 진정성이 전달될 수 있도록 해야 한다. 웰컴 메시지는 관리자센터에서 설정할 수 있다.

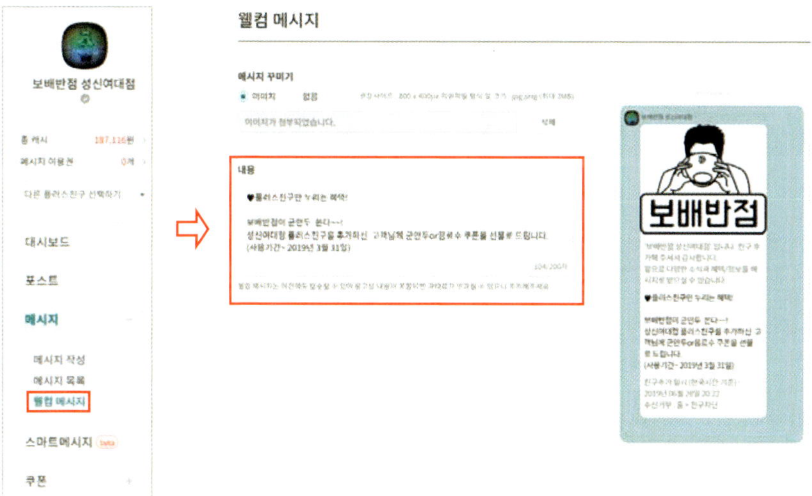

그림 7-19 카카오톡 플러스친구 '관리자센터〉메시지〉웰컴메시지'
출처: 보배반점 성신여대점 카카오톡 플러스친구 관리자 화면

웰컴 메시지를 설정한 후에는 테스트 메시지를 여러 차례 보내서 카카오톡에 어떻게 표시되는지 확인해 보아야 한다. 친구 추가 시 자동으로 표시되는 멘트인만큼 신중하게 작성하도록 하자.

4) 1:1 채팅 설정하기

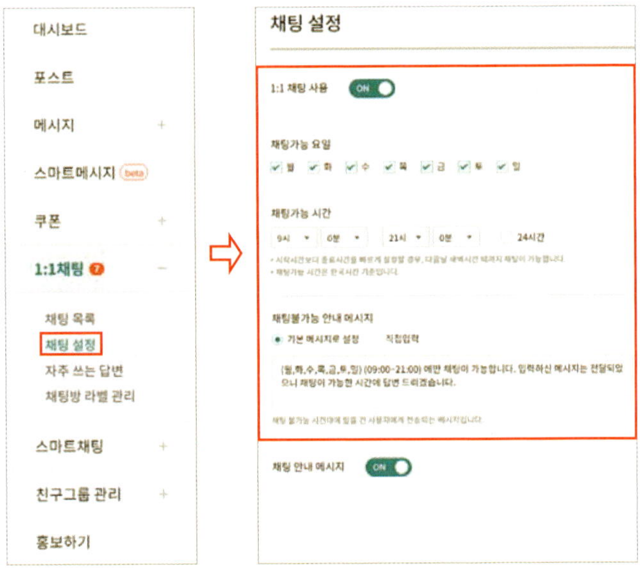

그림 7-20 카카오톡 플러스친구 '관리자센터〉1:1 채팅〉채팅 설정'
출처: 보배반점 성신여대점 카카오톡 플러스친구 관리자 화면

카카오톡 플러스친구가 일반 카카오톡과 다른 점은 고객이 먼저 말을 걸어야만 1:1 채팅이 가능하다는 점이다. 1:1 채팅 기능은 요일 및 시간대 설정이 가능하기 때문에 실시간 응대가 가능한 기간에 맞춰 켜놓으면 유용하다. 또한 PC는 크롬 브라우저를 사용하면 채팅 문의 시 안내 멘트가 뜨게 되니 인터넷 익스플로러보다는 크롬 브라우저를 추천한다.

4. 카카오톡 플러스친구 실전 전략

카카오톡 플러스친구를 활용하기 위해 관리자센터에서 기능을 세팅했다면, 이제는 실전이다. 먼저 카카오톡 플러스친구 채널의 특성을 이해해야 한다. 블로그로가 검색노출을 꾀하여 고객방문을 유도한다거나, 페이스북이나 인스타그램이 친구를 맺고 피드를 통해 소식을 전한다면, 카카오톡 플러스친구는 친구를 맺고 푸시 알림 메시지를 보내는 시스템이다. 그러므로 가장 고민해야 할 것은 친구를 모으는 방법이다. 오늘 시작해서 내일 바로 매출로 이어지진 않지만 매출을 일으키는 마중물 역할로써 카카오톡 플러스친구는 유용한 채널이다. 친구를 모으기 전까지는 아무런 마케팅을 할 수 없기 때문에 친구를 모으기 위한 실전 전략이 필요하다.

1) 스마트 채팅 설정하기

〈그림 7-21〉에서 보는 것과 같이 '정보 보기'에서 고객이 궁금해할만한 내용들을 자동응답으로 답변할 수 있도록 설정해 놓을 수 있다. 최대 10개까지 설정할 수 있으며, 이벤트를 진행하는 경우에 기간을 설정해서 원하는 기간에만 노출시킬 수 있다.

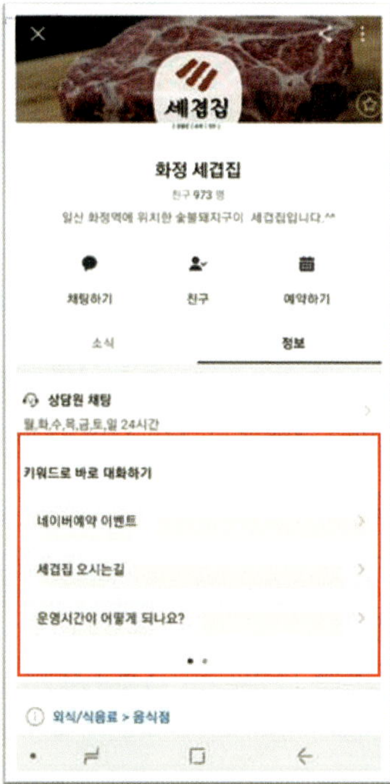

그림 7-21 화정 세겹집 카카오톡 플러스친구 스마트 채팅 설정 사례

그림 7-22 스마트 채팅 설정하는 방법 '관리자센터>스마트 채팅>채팅방 메뉴'

스마트 채팅은 〈그림 7-22〉와 같이 채팅방 메뉴에서 설정할 수 있으며 최대 10개까지 등록이 가능하다. 채팅창에서는 첫 번째 버튼만 완벽하게 보이고 두 번째 버튼은 50%만 노출이 되기 때문에 첫 번째와 두 번째에 중요한 내용을 노출시키는 것이 중요하다.

보배반점 하월곡점은 스마트 채팅을 설정하면서 맨 위에 이벤트 버튼을 노출시켜 카카오톡 플러스친구를 잘 활용한 사례이다. 채팅을 시작할 때 첫 화면 첫 번째에 버튼이 바로 노출되기 때문에 주목도를 높일 수 있고 방문 시 혜택이 있다면 매장을 찾는 데 마중물 역할을 해준다.

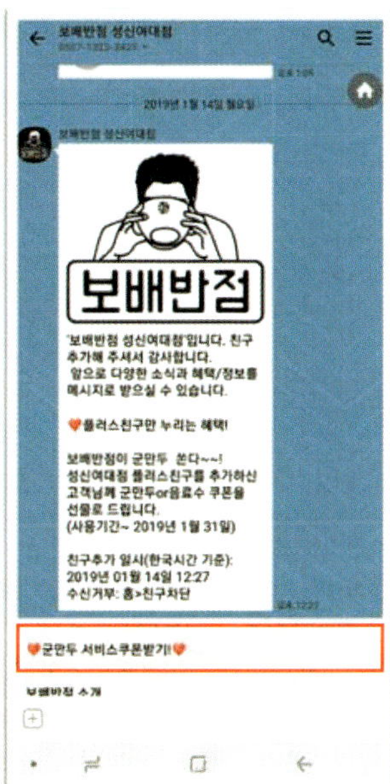

그림 7-23 보배반점 카카오톡 플러스친구 스마트 채팅 화면

2) 쿠폰 이벤트 기획하기

(1) 쿠폰의 유통 과정

카카오톡 플러스친구에는 쿠폰기능이 있다. 쿠폰 기능은 카카오톡 사용자에게 즉석 당첨 쿠폰을 만들어 메시지에 첨부해 보내거나 카드뷰, 스마트 채팅 버튼에 추가하여 고객에게 노출시킬 수 있다. 또한 쿠폰 기능을 활용하면, 카카오톡 친구들에게 다양한 혜택을 담은 쿠폰을 제공하여 멤버십 효과를 만들 수 있다.

그림 7-24 보배반점 하월곡점 쿠폰 사용 전개 과정

〈그림 7-24〉는 보배반점 하월곡점에서 카카오톡 플러스친구 이벤트로 군만두 4P와 음료수 쿠폰을 발행한 사례이다. 스마트 채팅 버튼 첫 번째에 할인쿠폰을 노출시켜 고객이 반응하도록 만들었다. 고객에게 발행된 할인쿠폰은 직원확인 버튼을 누르면 사용된 것으로 처리된다. 앞의 과정에서 우려하는 부분이 "친구를 차단했다가 다시 맺은 뒤 쿠폰을 재발행하여 사용하면 업체 쪽에서는 손해 아니냐?"는 우려를 많이 하는데, 친구 차단과 상관없이 이벤트쿠폰 참여는 핸드폰 1대당 1번만 할 수 있도록 설정되어 있다.

그림 7-25 쿠폰 작성방법 1

그림 7-26 쿠폰 작성방법 2

고객은 상단에 노출되는 공유 버튼을 이용하여 다른 사람에게 쿠폰을 전달할 수 있다. 응모페이지와 당첨페이지를 구분하여 올릴 수 있으며 되도록 사이즈에 맞춰서 올리는 것을 추천한다.

(2) 쿠폰 만들기

카카오톡 플러스친구 쿠폰은 '홈〉쿠폰〉쿠폰작성'을 통해 만들 수 있다. 쿠폰응모 시작일과 종료일을 필수로 지정해야 하며 '메시지 발송 시작/종료일'과는 무관하다. 쿠폰은 당첨자들이 언제까지 사용이 가능한지를 나타내는 유효기간을 설정할 수 있다. 당첨 페이지에도 노출이 되어 추후 쿠폰 유효기간 문제로 고객들과 시시비비를 다툴 여지가 적다. 쿠폰은 원하는 수량만큼 발급이 가능하며 쿠폰번호 생성도 자동으로 생성하거나 직접 올리기가 가능하다. 직접 쿠폰번호를 등록하기에는 어려움이 있기 때문에 자동생성을 추천한다. 응모 당첨 확률은 100%, 50%, 20%, 직접 입력으로 설정할 수 있다. 쿠폰 사용장소는 온라인과 오프라인으로 나누어져 있으며 매장에 사용하는 만큼 오프라인으로 체크된다. 그럼 당첨 페이지에 바코드와 직원 확인 버튼이 노출되어 당첨자가 매장에 방문했을 때 직원들이 쉽게 확인할 수 있다.

쿠폰 상세 통계

집계일시	조회수	응모수	당첨수	공유수	사용수
합계	265	107	107	0	54
2019.02.02	1	0	0	0	1
2019.02.01	2	0	0	0	0
2019.01.31	8	1	1	0	0
2019.01.30	4	4	4	0	2
2019.01.29	8	1	1	0	1
2019.01.28	2	2	2	0	0

1 2 3 4 5

그림 7-27 부산 명지첫집 쿠폰 이벤트 사용 통계 자료

(3) 성과 평가

카카오톡 플러스친구 쿠폰 기능의 좋은 점은 고객의 쿠폰 이벤트 응모 수와 당첨 수, 공유 그리고 사용자 수의 확인이 가능하다는 것이다. 쿠폰을 사용을 했다는 것은 매장에 방문해서 직원이 쿠폰 확인 완료를 누른 수를 의미한다. 예를 들어 우리 매장의 테이블 평균 결제단가가 5만원

이라면 5만원×54(사용 수)=270만원의 매출에 기여했다고 할 수 있다.

3) 카카오톡 플러스친구를 확보하는 다양한 방법

카카오톡 플러스친구 쿠폰 기능의 장점은 이렇게 이벤트 성과를 측정할 수 있기 때문에 카카오톡 플러스친구를 중심으로 다양한 매장 내 프로모션을 기획할 수 있다. 매장에 방문하는 고객들에게 카카오톡 플러스친구 가입을 유도하는 방법은 두 가지이다. 한 가지는 고객들과 적극적으로 소통을 하며 가입을 권유하는 것이고 단골플러스나 도도포인트, 카포친 등 고객관리 프로그램을 통해서 알림톡을 발송하는 방법이 있다. 개인적으로 추천하는 방법은 첫째, 고객관리 프로그램을 쓰는 것이고, 둘째로 매장 내 고객들에게 직접 가입을 권유하는 것이다. 두 가지 다 손해 볼 것이 없는 방법이기 때문에 둘 다 추천한다.

위에 소개한 2가지 방법 이외에도 SNS를 활용하는 방법이 있다. 부산 명지 국제신도시에 위치한 명지첫집 김승연 대표의 경우는 SNS와 매장에 방문하는 고객들에게 동시에 쿠폰 이벤트를 시작하여, 10일만에 카카오톡 플러스친구 500명을 모으는 성과를 거두었다.

5. 카카오톡 플러스친구 마케팅 성공 사례

요즘 경기가 나쁘다고 모두 어려움을 호소하고 있다. 잘될 거라는 장밋빛 희망을 갖고 창업을 하지만 현실은 2년 내지 5년 내에 대부분의 소상공인 점포가 폐업에 이른다. 이러한 문제는 경영자가 스스로 자기 점포를 통제할 수 없는 상황에서 창업을 하였기 때문에 발생한다.

경남 양산에서 치킨전문점을 창업한 정순희 대표도 그런 사람 중의 하나였다. 잘될 거라는 믿음으로 무작정 창업을 하였다. 창업을 하고 나서야 자신의 점포에 문제가 있다는 걸 알았다. 그러나 스스로 어찌할 수 없다는 사실을 알게 된 정 대표는 고민 끝에 문제를 찾고 해결하는 능력을 키우기 위해 상권분석 전문가 과정, 외식사업 콘셉트 과정, 온라인 마케팅 전문가 과정을 수강하였다. 공부를 위해 기꺼이 서울에 올라왔

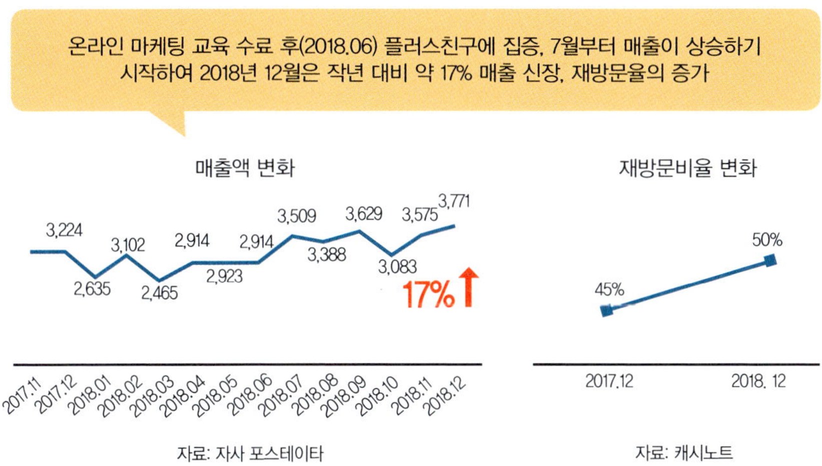

그림 7-28 카카오톡 플러스친구 마케팅 사례 분석

다. 사업을 하고 있음에도 불구하고 시간을 내서 수업시간에 배운 내용을 사업에 적용하려고 노력하였다. 그 결과 카카오톡 플러스친구를 마케팅에 활용하여 2018년 12월 기준, 전년대비 17% 매출 상승의 결과를 만들어낼 수 있었다.

이런 성공 사례를 만들기까지 큰 역할을 해준 정순희 대표만의 카카오톡 플러스친구 마케팅 노하우를 인터뷰를 통해 들어보자.

Q 정순희 대표님의 카카오톡 플러스친구를 소개해 주세요.

치킨전문점의 카카오톡 플러스친구 마케팅은 2016년에 시작했습니다. 개업 4년차에 접어들면서 서서히 매출이 하락하기 시작하여 어떻게든 매출을 올려 보고자 시작하게 되었답니다. 그때는 단순히 친구를 많이 모으면 "홍보비도 절약되고 할인이벤트로 매출도 오를 거야"라는 욕심만 앞섰죠. 처음에는 친구 수 증가와 함께 매출도 올랐습니다. 그러나 어느 순간 정체하기 시작하였고 저도 점점 지쳐갔어요. 효과가 없다고 생각하고 더 이상 카카오톡 플러스친구에도 신경을 쓰지 않았습니다. 카카오톡 플러스친구는 지속적인 소통과 관심, 고객에 대한 진정한 사랑이 바탕이 되어야 한다는 걸 2018년 6월 온라인 마케팅 과정을 수료하고 나서 깨닫게 되었습니다.

고객관리의 중요성을 알고 진심으로 소통한 결과 친구 수도 저절로 늘기 시작하여 현재 2,000명이 넘는 카카오톡 플러스친구를 보유하고 있답니다. 당연히 재방문율도 높아졌고요. 치킨전문점의 카카오톡 플러스친구는 정말 친구 같은 존재가 되었습니다. 한번 친구를 맺으면 그 매력에서 빠져나오기 힘드니까요.

Q 나의 카카오톡 플러스친구와 다른 카카오톡 플러스친구와의 차별성이 있다면?

모든 구매경로에서 고객과 연결하는 플랫폼으로 고객과의 소통의 창구라고 생각합니다. 카카오톡 플러스친구의 모든 기능을 활용하여 고객이 편리하게 상품을 조회하고 주문하며 결재로 이어지는 시스템을 장착하였습니다. 그러나 저희는 카카오톡 일대일 채팅 기능을 많이 활용하여 고객 한 분 한 분과 진심어린 소통으로 감성적으로 다가갔습니다. 그 결과 고객들은 친구와 채팅하는 것처럼 친근하고 거부감 없이 다가왔고, 하나의 인격체로 저희 카카오톡 플러스친구를 인식하게 되었다는 점이 다르다고 생각합니다.

Q 정순희 대표님이 생각하는 카카오톡 플러스친구 마케팅에서 가장 중요한 것은 무엇인가요?

단순히 친구를 많이 모아서 매출을 올리기 위한 수단으로만 사용해서는 안 된다고 생각합니다. 친구를 모으는 것도 중요하지만 한 번 친구를 맺은 고객이 평생고객이 될 수 있도록 지속적인 고객관리가 제일 중요하다고 생각해요. 고객관리는 고객의 구매습관과 욕구를 파악하는 것이 기본이 되어야 합니다. 그 다음 그들에게 맞는 이벤트와 혜택을 제공하고, 참여를 통해 특별한 경험을 느낄 수 있게 해야 합니다. 그 과정에서 고객은 재미를 느끼고 기대하고 대접받는다고 느낄 수 있게 해야 한다고 생각합니다. 그러면 저절로 친구 수도 매출도 증가할 것입니다.

Q 카카오톡 플러스친구를 하기 전과 후를 비교해서 달라진 점은 무엇인가요?

매출이 줄면 어찌할까 답답한 마음만 있었는데 든든한 지원군이 생겼고, 할 수 있다는 자신감이 생겼습니다. 카카오톡 플러스친구를 시작하기 전에는 하나라도 더 팔면 된다는 생각으로 무작위로 전단지를 배포하는 것이 내가 할 수 있는 최선의 방법이라고 생각하였습니다. 그러나 카카오톡 플러스친구를 제대로 시작하고부터는 신규고객도 중요하지만 기존 고객관리가 더욱 중요하다는 걸 깨달았고, 이벤트와 혜택을 제공하기 위해 그들의 욕구를 파악하고 데이터를 활용하는 과정에서 이제 스스로도 어떻게 해야 할지 방법을 조금씩 터득하게 되었습니다.

Q 카카오톡 플러스친구 마케팅을 시작하시는 분들에게 조언을 주세요.

너무 성급하게 친구 수를 늘리기 위해 외부에 홍보를 맡기지 말고 한 사람 한 사람 진정으로 다가가는 것이 좋습니다. 처음 시작할 때 저는 첫 방문고객께 감사하다는 문자와 함께 친구 맺기 혜택을 매일 보냈습니다. 그 다음 포인트 적립제도 시행을 꼭 추천해 드립니다. 포인트 적립 시마다 알림톡으로 가기 때문에 자연스럽게 친구 맺기로 이어질 수 있어요. 한 번 친구를 맺은 고객은 이탈하지 않도록 계속 소통하며 지속적인 고객관리를 해야 합니다. 카카오톡 플러스친구는 다른 매체와 달리 우리 매장이나 상품을 직접 경험한 고객을 대상으로 하기 때문에 편의성과 혜택 등을 제공한다면 최고의 고객관리시스템이 될 수 있습니다.

정리하기

01 온 · 오프라인을 통해서 신규고객을 매장에 찾아오게 하여 1차 구매를 이루었다면 2차 구매로 이어지도록 연결고리를 찾아야 하는데 카카오톡 플러스친구가 그 역할을 할 수 있다.

02 카카오톡 플러스친구는 사업자 버전의 카카오톡이라고 보면 된다.

03 고객관리 차원에서 카카오톡 플러스친구는 가장 적합하다. 전 세대가 사용하는 채팅앱 카카오톡에 고객들은 익숙하기 때문에 별도의 앱을 설치하지 않아도 홍보 메시지를 보낼 수 있다.

04 음식점의 경우 카카오톡 플러스친구를 통해서 얼마만큼의 전화문의가 오고 있는지 알고 싶다면 네이버 스마트플레이스에 설정되어 있는 스마트콜 기능을 사용해서 매체별 번호를 부여하면 된다.

05 카카오톡 플러스친구에는 고객이 홈화면에 방문했을 때 가장 먼저 보게 될 메뉴(탭)을 직접 선택할 수 있으며, 소식받기와 정보 보기로 나누어져 있다. 소식받기는 채팅 화면을 먼저 보게 되며, 정보 보기는 스마트 채팅(FAQ)으로 설정된 버튼을 보게 되어 자주 하는 질문들을 실시간으로 바로 응대할 수 있다.

06 카카오톡 플러스친구가 일반 카카오톡과 다른 점은 관리자를 추가할 수 있어서 공동관리가 가능하다는 점이다.

07 스마트 채팅은 '관리자센터〉스마트 채팅〉채팅방 메뉴 설정하기'에서 최대 10개까지 등록할 수 있으며, 채팅창에서는 첫 번째 버튼만 완벽하게 보이고 두 번째 버튼은 50%만 노출이 되기 때문에 첫 번째와 두 번째에 중요한 내용을 노출시키는 것이 중요하다.

08 카카오톡 플러스친구 마케팅을 진행하면서 가장 고민해야 할 점은 친구를 모으는 방법이다. 오늘 친구를 모았다고 해서 바로 매출이 일어나진 않지만 친구가 많이 늘어나면 늘어날수록 홍보 메시지도 많이 보낼 수 있고 재방문을 유도할 수 있다.

09 쿠폰 기능을 활용하여 다양한 이벤트를 진행할 수 있으며 쿠폰 이벤트 응모수와 당첨 수, 공유, 그리고 사용자 수를 확인할 수 있다. 사용을 했다는 것은 매장에 방문해서 직원이 확인 완료를 한 쿠폰의 수를 의미한다.

10 다른 SNS 채널이나 블로그 등에도 링크를 추가하여 친구맺기를 유도할 수 있다. 이때 쿠폰 이벤트를 노출시킨다면 친구를 늘리는 데 더 효과적이다.

연습문제

01 카카오톡 플러스친구 관리자센터에서 계정을 만들어서 친구를 늘리기 위한 이벤트를 기획해 보자.

02 쿠폰 기능을 활용해 보고, 통계 기능을 이용해 사용자 수를 측정해 보자.

Chapter 08
소상공인을 위한 온라인 마케팅 평가

CONTENTS ▶▶▶

CHAPTER 08

소상공인을 위한 온라인 마케팅 평가

▶▶▶ **학습목표**

- 키워드 조회 수 변화를 점검하는 방법을 설명할 수 있다.
- 블로그 체험단을 모집하고 과정 및 결과를 체크하는 방법을 설명할 수 있다.
- 고객관심도 추세분석방법을 설명할 수 있다.
- 중요 키워드 콘텐츠 영역 점유율 체크방법을 설명할 수 있다.
- 네이버 채널 활용 및 평가방법을 설명할 수 있다.
- 진성 콘텐츠 수 변화를 체크하고 내용분석방법을 설명할 수 있다.

1. 키워드 조회 후 변화 체크

소상공인 온라인 마케팅에서 계획과 실행 못지않게 중요한 또 하나의 과정이 지속적인 모니터링을 통한 성과측정과 평가 및 개선 과정이다. 온라인 마케팅 성과의 기준은 자사 브랜드 조회 수의 증가이다. 잠재고객이 블로그나 SNS상에서 브랜드명을 직접 조회한다는 것은 해당 브랜드를 인지하고 흥미를 일으켰다고 해석할 수 있다. 그러므로 온라인 마케팅을 시작했다면 실행 전 · 후의 조회 수 변화 비교는 필수이다. 소비자가 다양하게 사용하는 브랜드 명칭 중 주력으로 사용하는 브랜드명을 정해서 온라인 마케팅 방법을 통해 바이럴을 시도해야 한다. 이렇게 전략적으로 정한 키워드는 목표 고객에게 전달되어 검색을 통한 매출에 이바지했는지 확인해야 한다.

온라인 상권조사 분석방법으로 확인된 경쟁점포를 지속적으로 모니터링한 내용을 기록하는 일도 반드시 해야 할 사항이다. 온라인 상권 확장을 위한 계획과 실행 이후에 우리 음식점이 세운 가설이 실제 어떤 성과를 창출했는지 측정해 보고 평가해서 보다 나은 온라인 마케팅 방법을 찾아내는 노력을 해야 한다. 온라인 마케팅 성과 측정 과정 중 첫 번째는 마케팅 시작 전 브랜드 조회 수를 조사하는 것이다. 네이버 검색 광고 시스템을 통해 해당 키워드의 정확한 조회 수를 미리 점검해 두고, 한 달 주기 또는 임의로 세운 기준에 의해 정기적으로 조회 후 변화를 점검하여 마케팅 활동에 따른 음식점에 대한 관심도의 상승 추이를 지속적으로 살펴보아야 한다.

연관키워드 ⑦	월간검색수 ⑦	
	PC	모바일
명지첫집 적은검색량	10	20

그림 8-1 브랜드 조회 수 (2018.10.18일 기준)

연관키워드 ⑦	월간검색수 ⑦	
	PC	모바일
명지첫집	390	3,220

그림 8-2 브랜드 조회 수 (2019.03.02.일 기준)
출처: 네이버 광고 시스템(https://searchad.naver.com)

〈그림 8-1〉과 〈그림 8-2〉의 명지횟집은 2018년 10월 오픈한 음식점으로 잘 만들어진 콘셉트를 바탕으로 온라인 상권분석 및 네이버 블로그, 네이버 플레이스, 인스타그램 등 온라인과 소셜미디어 활용을 통해 성공적으로 온라인 마케팅을 실행한 음식점의 사례이다. 오픈 시기와 현재를 단순 비교하기 어렵지만 온라인 마케팅을 본격적으로 시작할 당시보다 고객이 음식점을 검색한 조회 수가 PC와 모바일에서 크게 상승하였다.

이처럼 성공적으로 온라인 상권 확장을 하는 음식점은 공통적인 특징을 가지고 있다. 온라인 마케팅 시작 전에 치밀하게 계획을 수립하고 실행하였으며, 제대로 실행이 되었는지 평가하는 과정을 통해 고객의 소리를 확인하고, 수정 보완하며 완성도를 높였다.

2. 블로그 체험단 체크

직접 블로그 포스팅을 하거나 블로그 체험단을 모집할 때는 사전에 자신의 음식점의 콘셉트, 식재료의 특징, 조리하는 방법, 음식에 대한 철학 등을 가이드를 양식으로 정리해야 한다. 가이드를 만들 때 주의해야 할 점은 음식점의 장점을 억지로 만들어서는 안 된다. 모든 콘텐츠는 진정성을 가지고 만들어야 한다. 예를 들면 어떤 음식점을 방문했을 때 "이 나물은 해발 800m 고지에서 직접 채취한 나물입니다", "김치는 시골에서 어머님이 직접 농사 지은 재료로 만들었습니다"라는 사장의 설명을 듣고 음식을 접하면 그만큼 귀한 음식을 먹는다는 마음이 생길 수 있다.

현재 음식점에서 잘하고 있는 차별성을 고객에게 알려주는 것이 중요하다. 음식점 내부에는 POP를 통해 우리 업소의 장점을 친절히 설명해주고, 외부 홍보의 역할을 하는 잘 준비된 가이드를 통해 음식점에 대한 사전정보를 충분히 전달할 필요가 있다. 외부에 마케팅을 의뢰하는 경우에도 '비용을 지불하니 알아서 해주겠지'란 생각은 금물이다. 블로그 체험단에게 돈을 지불하고 음식까지 제공하면서 메뉴나 서비스를 대충 제공한다거나 다른 고객과 달리 무시하는 경우가 있는데, 이렇게 하면서 그들에게 좋은 콘텐츠의 글을 기대하기는 어렵다. 자발적 고객이든 블로그 체험단 고객이든 그 고객이 만족할 수 있게 최선의 노력을 다한다는 생각이 무엇보다 중요하다. 블로그 체험단은 우리 음식점의 홍보대사임과 동시에 다시 방문할 수 있는 고객임을 명심해야 한다.

음식점의 온라인 마케팅을 위해 체험단을 활용하는 경우, 마케터는 반드시 블로그 체험단이 포스팅한 블로그가 어떻게 노출되고 있는지 확인해야 한다. 가장 먼저 가이드 내용을 잘 준수해 주었는지를 살펴보고, 이어서 우리의 음식을 제공받았지만 그들 또한 고객으로 경험한 것이기에 우리 음식점의 메뉴와 서비스가 잘 전달되고 있는지를 모니터링해야 한다. 블로그 체험단의 글은 고객의 자발적인 포스팅 내용에 영향을 미친다. 그래서 자발적으로 고객들이 써준 블로그 글이나 SNS상의 콘텐츠를 잘 살펴야 한다. 정상적인 경우라면 자발적인 고객 리뷰가 늘어나는 것이 가장 이상적인 음식점 운영이다. 자발적 콘텐츠는 고객이 우리 매장을 느낀 그대로 표현한 내용이므로 고객이 어떤 부분을 만족하고 또는 불만족했는지, 고객의 선택 속성에 부합되거나 그렇지 못했는지를 반드시 체크해야 하고 직원들과 공유하면서 평가하고 개선해 나가야 한다.

3. 추세 분석

음식점의 마케터는 온라인 마케팅 활동을 다양하게 진행하면서 각각의 마케팅 활동이 이루어졌던 시점에 따라 네이버 데이터랩을 통한 조회 수 변화 추세를 점검해야 한다. 네이버 데이터랩에서는 시기별로 조회 수의 등락 변화를 체크할 수 있어 각각의 마케팅 활동에 따른 고객관심도 추세의 변화 등 마케팅 활동이 고객 반응에 어떤 영향을 주었는지 확인할 수 있다. 어떠한 마케팅 활동이 브랜드 인지도 상승에 가장 효과적으로 영향을 미쳤는지 파악하고 지속적인 모니터링을 통해 평가와 개선 요소를 파악할 수 있다. 또한 그 결과에 따라 더 집중 공략할 마케팅 활동을 선별할 수 있으며, 매년 추세와의 비교분석을 통한 변화 추이도 확인해 볼 수 있다.

그림 8-3 상암동 맛집 추세 분석

출처: 네이버 데이터랩(https://datalab.naver.com)

〈그림 8-3〉의 추세는 필자가 온라인 마케팅을 하고 있는 한정식 전문점의 사례이다. 주요 키워드인 '상암동 맛집'의 추세를 온라인 마케팅 시작 시점인 2018년 9월을 기점에서 2019년 2월까지 살펴보았다. '상암동 맛집' 조회 수가 약 40% 감소하는 추세다.

위와 같이 조회 수가 줄어든다는 것은 네이버를 이용해서 상암동에서 음식점을 찾는 소비자가 그만큼 줄었다고 볼 수 있다. 운영하는 음식점 상권에 대한 소비자의 관심도가 40% 이상 감소하였다면 브랜드가 약한 음식점의 경우 매출에 매우 큰 타격을 입었을 가능성이 크다.

그런데 같은 기간의 상암동에 위치한 한식전문점의 고객관심도 추세를 확인해 보자(그림 8-4). 해당 상권의 주요 키워드인 '상암동 맛집'의 추세 하락에도 불구하고 온라인 마케팅을 펼친 한식전문점의 고객관심도는 2018년 9월부터 2019년 2월까지 약 43% 상승하였음을 알 수 있다.

그림 8-4 상암동 D 한식전문점 추세 분석

출처: 네이버 데이터랩(https://datalab.naver.com)

이는 단순 비교만 보더라도 약 80% 이상 상승효과를 보았다고 할 수 있다. 외식업 운영에 체계적인 온라인 마케팅이 도입되면 얼마만큼 긍정적인 영향을 미치게 되는지 알 수 있다. 단, 경영자의 외식업을 대하는 자세와 잘 만들어진 상품과 서비스가 가능하다는 전제조건이 충족되어야 이런 효과를 기대할 수 있다.

4. 중요 키워드 콘텐츠 영역 점유율 체크

온라인 마케팅 활동 이전에 중요 키워드를 선정한 후에 해당 키워드 상에서의 경쟁사를 파악해 두어야 한다. 경쟁사의 콘텐츠 노출을 파악하여 콘텐츠 업로드 주기 및 포스팅 업로드 수에 대한 모니터링이 필요하다. 자사는 물론 경쟁사의 콘텐츠를 모니터링하면서 경쟁에서 우위를 점할 수 있을 만큼의 전략적 선택이 필요하다.

포인트는 마케팅 목표 시점에 도달했을 때 공략 키워드 영역에서의 점유율을 경쟁사보다 높이는 것이다. 점유율을 높일수록 고객들에게 더 많이 노출되어 우리 매장을 인식시킬 수 있는 가능성이 높아지기 때문이다.

표 8-1 음식점 경쟁자 분석 네이버 플레이스 상위 기준

플레이스 상위업체 및 자사업체 분석	블로그 포스팅 수 (전체)	블로그 포스팅 (최근 1개월)	블로그 포스팅 (최근 6개월)	동영상 수	플레이스 리뷰 수	VIEW 1 페이지 노출 여부
M 음식점	248	4	23	27	예약자리뷰 1,928 블로그리뷰 368	X
자사	498	30	186	21	477	○
K 음식점	393	10	46	6	210	X
S 음식점	288	8	43	41	221	X
Y 음식점	278	1	33	41	357	X
W 음식점	181	2	41	11	328	X

표 8-2 음식점 경쟁자 분석 인스타그램 게시물, 브랜드 조회 수 분석

플레이스 상위업체 및 자사업체 분석	인스타그램 전체 게시물	브랜드 조회 수 (PC)	브랜드 조회 수 (모바일)	총 조회 수 합계
M 음식점	342	420	6,520	6,940
자사	1,620	800	3,690	4,590
K 음식점	2,071	400	2,750	3,150
S 음식점	1,770	580	2,570	3,150
Y 음식점	12,533	2,340	8,250	10,590
W 음식점	7,021	1,390	5,110	6,500

5. 네이버 채널 활용 및 평가

'네이버 스마트플레이스'는 자사 브랜드를 인지한 잠재고객들이 더 많은 정보를 얻기 위해 브랜드 검색을 했을 때 가장 먼저 만나는 '온라인 점포'이다. 고객은 점포를 처음 만날 때 파사드를 통해 점포에 대한 첫인상으로 브랜드에 대한 이미지를 인식하게 된다.

그러므로 온라인 점포의 역할을 하는 네이버 스마트플레이스 구성은 자사 제품(메뉴)과 서비스에 대한 차별성을 어필할 수 있는 매우 뛰어난 도구이다. 고객의 입장에서 잘 구성된 네이버 스마트플레이스는 예약,

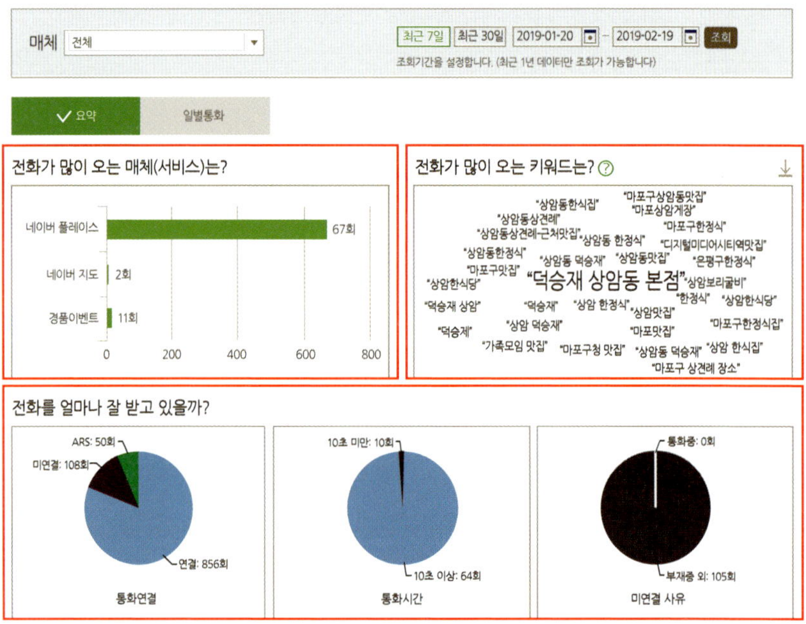

그림 8-5 상암동 한식전문점의 네이버 스마트플레이스 스마트콜 분석
출처: 네이버 스마트플레이스〉스마트콜관리〉통화보고서

전화, 방문 등의 전환에 큰 역할을 한다. 마케팅 평가에서 마케터는 네이버 스마트플레이스를 통해 매달 잠재고객이 어떤 키워드를 주로 검색하고 자사의 네이버 스마트플레이스로 연결되었는지 확인할 수 있다.

〈그림 8-5〉는 네이버 스마트플레이스의 통화보고서를 통해 전화가 주로 오는 채널과 전화가 많이 오는 키워드 및 전화를 얼마나 잘 받고 있는지 자동으로 측정해 주는 서비스이다. 위의 사례를 통해 네이버 스마트플레이스 통화량을 〈표 8-3〉과 같이 분석해 볼 수 있다.

〈표 8-3〉과 같이 D한식전문점으로 전화가 오는데 기여하는 매체는 네이버 스마트플레이스가 압도적으로 높은 순위를 차지하고 있다. 673건이라는 숫자에서 D업체의 인지도가 매우 높다는 것을 알 수 있다. 다

표 8-3 네이버 스마트플레이스 2019년 1~2월 분석표

전화가 많이 오는 매체	건수	전월대비
네이버 스마트플레이스	673회	-81
경품 이벤트	11회	+11
네이버 지도	2회	+1
전화가 많이 오는 키워드	**건수**	
덕승재 상암동 본점	512회	
상암동 한정식	24회	
상암동 맛집	21회	
상암동 덕승재	19회	
상암동 안정식	16회	
전화를 얼마나 잘 받고 있을까?	**건수**	**전월대비**
통화연결	530회	-128
미연결	106회	-18
ARS	50회	-27
미연결 사유	부재중 106회	부재중 -18

만 12월의 특성상 연말모임이나 단체모임 등 예약 관련 전화가 더 많았을 것으로 추정해볼 수 있다. 경품 이벤트를 진행하여 전월 대비 11건의 전화량이 증가한 것도 네이버 스마트플레이스를 통해 측정해 볼 수 있다.

또한 전화가 많이 오는 키워드도 측정할 수 있다. 브랜드명 검색을 통한 유입이 압도적이라는 것은 고객들에게 브랜드가 확실히 각인되었다고 볼 수 있다. 그 다음에 주로 검색하는 키워드도 확인할 수 있다. 이러한 키워드의 유입을 확인할 수 있다는 것은 추후 콘텐츠를 기획할 때 서로 다른 키워드를 콘텐츠 제목이나 내용에 반영하여, 어떤 키워드가 고객 유입에 더 적합한 키워드인지 테스트해 볼 수도 있다. 또한 통화 연결 여부를 통해 미연결이나 부재중 사유 등을 파악하고 서비스 프로세스를 개선하는 데 활용할 수 있다.

6. 진성 콘텐츠 수 변화 체크 및 내용 분석

앞서 언급한 것처럼 자신의 음식점 제품(메뉴)과 서비스 등 고객만족을 위한 활동의 결과를 좀 더 확실히 체크하기 위해서는 실제 고객들이 자발적으로 포스팅한 진성 콘텐츠의 수를 파악하는 것이 중요하다. 마케팅 활동 이전보다 활동 이후에 진성 콘텐츠의 수가 더욱 많아졌다면 이는 우리 매장의 마케팅 활동이 고객들에게 유의미하게 받아들여졌다는 것이다. 고객이 포스팅한 콘텐츠의 내용 분석을 통해 음식점이 어떤 부분을 더욱 발전시킬 것인지, 어떤 부분의 완성도를 높이기 위한 노력을 경주할 수 있는지도 확인해 보아야 한다.

어떤 음식점이든 고객의 긍정적인 관심과 애정을 원치 않는 곳은 없을 것이다. 그러기 위해선 고객 만족을 위한 끊임없는 변화가 필요하며, 변화된 요소를 꾸준히 외부로 노출하는 노력 또한 중요하다. 온라인 마케팅은 채널만 온라인일 뿐 마케팅의 본질은 고객과의 소통임을 명심해야 한다.

점포명	음식 플레이팅	물리적 환경	고객 만족 리뷰
A	 출처 : https://blog.naver.com/caffe01/221349402355	독립된 건물에 주차장 키즈카페 정도의 놀이방 현무암 판석으로 마감하여 전체적으로 고급스러운 이미지 연출 2층 건물에 엘리베이터가 있어 유아 및 노약자 이동에 편함	1. 구이 전문 셰프가 갈비를 참숯에 직접 구워줌 고기가 구워진 상태로 제공됨 인덕션 위에 올려 두어 따뜻한 식감이 유지됨 기본적인 반찬에 추가 샐러드바 있음 2. 키즈카페 수준의 놀이방에 아이들이 좋아함 유아의자 관리가 잘되어 있음 이유식을 데울 전자레인지가 따로 준비되어 있음 아이들용 키즈 음료도 구매가능
B	 출처 : https://blog.naver.com/anseonae/221307209886	주택가 골목길에 위치함 근처 공영주차장 있음 4인 테이블 좌석	1. 렌틸콩밥 인원수에 맞게 독립된 밥솥으로 밥을 해줌 2. 쌈채소 이용 가능한 샐러드바 있음 밥도 무한리필 세트메뉴의 가성비 좋음 3. 쌈밥집의 전문성을 느낄 수 있는 다양한 쌈채소 비빔찬을 이용한 DIY 비빔밥

그림 8-6 음식점의 블로그 내용 분석 사례

정리하기

01 온라인 마케팅에서 계획과 실행 못지않게 중요한 것이 지속적인 모니터링을 통한 성과 측정과 평가 및 개선이다.

02 온라인 마케팅 성과의 기준은 자사 브랜드 조회 수의 증가이다. 잠재고객이 블로그나 SNS상에서 브랜드명을 직접 조회한다는 것은 해당 브랜드를 인지하고 관심이 높아졌다는 의미이다.

03 네이버 검색광고 시스템을 통해서 온라인 마케팅을 시작하기 전, 후의 조회 수 변화 비교는 필수이다.

04 블로그 체험단 방문 후 올린 블로그 글이 어떻게 노출되고 있는지 확인해 보아야 한다. 같은 음식이지만 고객 개개인이 느끼는 경험은 다르기 때문에 우리 음식점의 메뉴와 서비스가 잘 전달되고 있는지를 모니터링하는 것이다.

05 고객이 자발적으로 써준 블로그 글이나 SNS상의 콘텐츠는 더욱 더 잘 살펴야 한다. 자발적 콘텐츠는 고객이 우리 매장을 느낀 그대로를 표현한 내용이므로, 고객이 어떤 부분을 만족하고 또는 불만족했는지 체크하고 직원들과 공유하면서 평가하고 개선해 나가야 할 것이다.

06 네이버 데이터랩을 통해 시기별로 키워드 조회 수 변화를 체크해야 한다. 조회 수가 줄었다는 것은 우리 매장이나 상권의 관심도가 줄었다는 의미이고, 높아졌다면 매출이 상승했을 가능성이 높다.

07 내 매장이 위치한 상권의 대표 키워드로 검색한 후 네이버 플레이스에 상위 노출되고 있는 업체를 리스트업하고 콘텐츠의 노출도와 업로드 주기, 업로드 수를 모니터링해야 한다. 자사는 물론 경쟁사의 콘텐츠를 모니터링하면서 경쟁에서 우위를 점할 수 있도록 해야 한다.

08 네이버 스마트플레이스는 자사의 브랜드를 인식한 후 검색을 했을 때 가장 먼저 만나게 되는 온라인 점포이다. 그러므로 온라인 점포 역할을 하는 네이버 스마트플레이스의 구성은 자사상품과 서비스에 대한 차별성을 어필할 수 있도록 만들어야 한다.

09 네이버 스마트플레이스의 스마트콜 분석을 통해 전화가 많이 오는 매체, 전화가 많이 오는 키워드, 전화를 잘 받고 있는지를 분석할 수 있고 온라인 마케팅의 KPI 지표로 활용할 수 있다.

10 온라인 마케팅 채널들을 일별, 주별, 월별로 모니터링하고 평가하면서 고객들이 느끼는 우리 매장의 평가글을 체크하고, 댓글을 달고, 소통하면서 매장 운영에 반영할 수 있도록 해야 한다.

연습문제

01 〈표 8-1〉과 〈표 8-2〉를 참고하여 우리 매장이 위치한 상권의 대표 키워드 OO맛집을 검색하여 상위 6개 업체의 플레이스 활성화 현황과 브랜드 조회 수를 작성해 보자.

02 〈표 8-3〉을 참고하여 자사의 '네이버 스마트플레이스〉스마트콜 관리〉통화보고서' 내용을 참고해서 자사의 온라인 마케팅 KPI 지표를 만들어 보자.

참고문헌

1장

네이버 (www.naver.com)

네이버 스마트플레이스 (https://smartplace.naver.com)

네이버 트렌트 (https://datalab.naver.com/keyword/trendSearch.naver)

도미노피자 앱

소셜 메트릭스인사이트 (http://www.some.co.kr)

스타벅스 앱

요코야마 류지 (2011). 트리플 미디어 전략. 흐름출판.

필립 코틀러 (2017). 마켓 4.0. 더퀘스트.

2장

김지웅, 김이연 (2015). 외식 블로그 마케팅이 구매의도에 미치는 영향에 대한 연구. 30(5). 85-105. 대한관광경영학회.

박미애 (2012). 8주 완성! 고객이 몰려오는 블로그마케팅. 정보문화사.

성창열, 이혜강 (2016). 블로그 마케팅을 뛰어넘는 블로그 브랜딩. 위키북스.

이재범 (2016). 파워블로그의 첫걸음 블로그 글쓰기. 평단.

3장

꿈꾸는 마케터 온라인마케팅이야기 (https://blog.naver.com/xang88)

남궁은 (2018). 아무나 쉽게 따라하는 블로그마케팅. 페이스메이커.

네이버 톡톡 파트너센터 (https://partner.talk.naver.com)

오종현 (2017). 블로그 컨설팅북. E비즈북스.

NAVER Search&Tech (https://blog.naver.com/naver_search)

4장

2016년 네이버 커넥트 2017
네이버 톡톡 파트너센터 (https://partner.talk.naver.com)
네이버예약 100% 활용하기 (https://blog.naver.com/n_bookingmt01/221363299961)
서관면옥 모두홈페이지 (https://seogwanmyeonog.modoo.at)
서관면옥 인스타그램
서관면옥 페이스북
예약 식당 파트너스데이 2019
오종현 (2019). 네이버 마케팅트렌드 2019. e비즈북스.

5장

글로벌 앱 분석기관 앱 에이프 (https://ko.appa.pe)
세겹집 인스타그램 (https://www.instagram.com/segyupzip_)
세븐일레븐 xpandinator 인스타그램 해시태그
스타 태그 (https://startag.io)
아시아경제 뉴스 (2018. 5).
안회곤 (2018). 4차 산업혁명시대 온라인 생존마케팅. 리텍콘텐츠.
여성경제신문 (2018. 5. 31). (http://www.womaneconomy.kr/news/articleView.html?idxno=62445)
여행에 미치다 공식 인스타그램 (https://www.instagram.com/travelholic_insta)
인스타그램 곱창블리 (https://www.instagram.com/90tan4310)
https://fabawards.com/fab-entry/slurpee-xpandinator
https://www.instagram.com/seogwanmyeonog

6장

서관면옥 인스타그램 비즈니스계정
소셜미디어 마케팅 클라우드 (www.socialbakers.com)
안희곤 (2018). 4차산업혁명 생존마케팅. 리텍콘텐츠.
이종근 (2017). 페이스북 광고마케팅. 리텍콘텐츠.
이채희 (2017). 나는 SNS로 월 3000만 원 번다. 위닝북스.
인스타그램 고객센터 (https://help.instagram.com)
최규문 (2016). 백만방문자와 소통하는 페이스북마케팅. 한빛 미디어.
페이스북 비즈니스뉴스 (www.facebook.com/business/news)

7장

명지첫집 카카오톡 플러스 친구
보배반점 성신여대점 카카오톡 플러스 친구
와이즈앱 (https://platum.kr/archives/112749)
치킨전문점 카카오톡 플러스친구 2018년 메시지발송 통계자료
카카오톡 플러스친구 (https://business.kakao.com)
카카오톡 플러스친구 이용가이드 (https://business.kakao.com)
화정 세겹집 카카오톡 플러스 친구

8장

네이버 광고 시스템 (https://searchad.naver.com)
네이버 데이터랩 (https://datalab.naver.com)
네이버 스마트플레이스 (https://smartplace.naver.com)

찾아보기

저자소개

김영갑

- 한양사이버대학교 호텔외식경영학과 교수
- 한양사이버대학교 대학원 외식프랜차이즈MBA 교수
- 사단법인 일자리창출진흥원 원장
- 상권분석 전문가 과정 지도교수
- 외식사업 콘셉터 과정 지도교수
- 온라인마케팅 전문가 과정 지도교수
- 외식사업 기획 · 마케팅 최고위 과정 지도교수

강상현

- 한양사이버대학교 대학원 외식프랜차이즈MBA 전공
- KYG외식경영연구원 선임연구원
- KYG 온라인마케팅 학교 수석강사
- 기업 및 기관 온라인마케팅 강의
- 다음 브런치(Brunch) 작가
- 글로벌미디어 모비인사이드 칼럼리스트

소상공인을 위한
온라인 마케팅 실무

초판발행 2019년 9월 10일 **1판 1쇄 발행** | 2020년 3월 10일 **1판 2쇄 발행**
2022년 9월 10일 **1판 3쇄 발행**

지은이 김영갑 강상현
펴낸이 최용구 | **펴낸곳** 도서출판 **이프레스**
주소 (04316) 서울시 용산구 원효로 89길 19 (원효로1가)
전화 02) 537-1720(영업부), 537-1721(편집부), 537-1711(팩스)
이메일 epress01@naver.com | **홈페이지** www.epress1.com
등록 2009년 12월 10일 제16-2710호
기획마케팅 최용구 장만동 송대용 최충구 | **책임편집** 석기은 황가연 | **표지** SDY

ISBN 979-11-87570-50-9 93320
정가 16,000원